알아두면 쓸모 있는
회계 상식 사전

알아두면 쓸모 있는
회계 상식 사전

초판 1쇄 발행   2023년 6월 15일

지은이   최용규
발행인   곽철식

디자인   박영정
마케팅   박미애
펴낸곳   다온북스
인쇄   영신사

출판등록   2011년 8월 18일 제311-2011-44호
주소   서울시 마포구 토정로 222, 한국출판콘텐츠센터 313호
전화   02-332-4972   팩스   02-332-4872
전자우편   daonb@naver.com

ISBN 979-11-93035-06-1 (03320)

- 다온북스는 독자 여러분의 아이디어와 원고 투고를 기다리고 있습니다.
  책으로 만들고자 하는 기획이나 원고가 있다면, 언제든 다온북스의 문을 두드려 주세요.

알아두면 쓸모 있는

회계

상식 사전

최용규(택스코디) 지음

다온북스

"골치 아프다."

대부분 사람이 회계를 떠올리면 매우 전문적이고 어려운 분야라고 여깁니다. 심지어 경영학을 전공하는 학생조차 회계 과목을 어렵고 공부하기 싫은 공포의 대상이라고 합니다. 그러나 경영학에서 회계를 빼놓고는 어떠한 이야기도 꺼내기 힘들죠. 그 이유는 모든 경제 현상은 돈과 관련이 있고, 그 '돈을 다루는 방법'이 회계이기 때문입니다.

그런데 막상 회계를 공부하려고 해보니, 무슨 말인지 알기 어려운 한자어, 빽빽하게 채워진 도표 그리고 복잡한 숫자들까지 그야말로 첩첩산중입니다. 그러나 걱정하지 않아도 됩니다. 우리는 어렸을 때 용돈 기입장을 써봤고 직장을 다니면서 통장을 만들어 월급과 기타 지출 등을 관리했습니다. 회계를 이해하기 위해서는 딱 이 정도의 지식이면 충분하기 때문입니다. 회계 구조만 알아도 회사에서 경영계획을 세울 수 있고, 창업했을 때 돈의 흐름을 파악할 수 있습니다.

'경영'이란 단어를 사전에서는 '기업이나 사업 등을 관리하고 운영함'이라고 정의합니다. 따라서 경영은 곧 관리라고 해도 어느 정도는 맞습니다. 정말이지 경영자에게는 관리해야 할 것들이 넘쳐나죠. 사람도 관리해야 하고 시간도 관리해야 하며 품질도 관리해야 합니다. 그중 돈 관리는 말할 나위도 없습니다. 판매 전략도 중요하지만 팔아서 번 돈을 제대로 관리하는 일도 매우 중요합니다. 돈을 관리하는 데 필수적인 도구인 회계를 경영자가 잘 알면 좋은 이유가 바로 여기에 있습니다. 사업체의 경영에서는 돈 관리를 넘어, 회계와 관련된 정보를 바탕으로 경영의 효율을 높여주는 행동을 하는 것, 즉 회계 관리가 정말 중요합니다.

회계를 '비즈니스 언어'라고 합니다. 회계라고 하는 언어를 알아야 비즈니스 세계를 이해할 수 있고, 소통을 할 수 있습니다. 회계라는 언어를 모르는 데도 불편함을 느끼지 못했다면, 좁은 세계

알아두면 쓸모 있는 **회계 상식 사전**

에서만 살아서 그런 것입니다. 그 이상 넓은 세계의 존재를 알지 못하기 때문입니다. 말을 모르면 다른 세계가 있다는 것도 알지 못합니다. 영어를 모르는 사람은 영어를 쓰는 사람들의 생활과 생각을 알지 못합니다. 따라서 회계를 아는 사람은 비즈니스 세계에서 주체적으로 살아가는 힘을 얻을 수 있습니다.

기초적인 업무만 담당하는 입사 초창기에는 회계 관련 부서가 아니라면 숫자와 관련된 일은 거의 하지 않죠. 그러나 연차가 쌓여 관리자로 승진하면 '조직 운영 능력'이 필요합니다. 이때 필요한 것이 바로 '돈을 제대로 관리하는 기술'입니다. 우리 회사 매출이 얼마이고 그로 인해 수익은 얼마인지, 각종 지출과 외상거래는 어떻게 관리되고 있는지 알고 있어야 내년, 내후년도 계획을 제대로 짤 수 있기 때문입니다.

창업을 준비한다고 해도 회계는 역시 필수 지식입니다. 내 회사를 차렸을 때 하루하루 매출내용을 기록하는 것은 경리부 직원 몫이지만, 자금계획을 세우거나 현금을 확보하는 것은 사장의 몫입니다. 돈과 관련된 계획을 세우기 위해서는 사장이 반드시 회계 구조를 알고 있어야 합니다.

회사가 성장하는 만큼 돈이 돌지 않는 이유는 뭘까요? 매출 증대와 원가 절감 중 어느 쪽을 우선시해야 할까요? 원가 계산은 또 어떻게 정해야 좋을까요? 그리고 세금은 어떻게 줄일 수 있을까요? 이와 같은 고민을 해소해줄 회계 관리 비법이 《알아두면 쓸모 있는 회계 상식사전》에 담겨 있습니다. 효과적인 회계 관리 비법을 친절하고 알기 쉽게 다룹니다. 중소기업 사장, 1인 기업가, 자영업자에 이르기까지 새는 돈을 막고 이익을 제대로 관리하고 싶은 이들에게 차근차근 상담해주듯 회계 관리의 '감'을 알려주고, 나아가 경영에 필수적인 크고 작은 팁까지 전달해줄 것입니다. 자 이제 책 안으로 들어가 봅시다.

2023년 6월

차례

PART 01

알아두면 쓸모 있는
회계 상식
(회계 상식)

회계, 도대체 어디까지 알아야 하나?

회알못 - 부자가 되고 싶으면 꼭 회계를 배우라고 하는데, 도대체 어느 정도까지 공부해야 하나요?

택스코디 - 재무, 경리 담당이 아니라 일반 직장인 또는 CEO라면 기본적인 회계지식만 익혀도 충분합니다. 여기서 기본적인 회계지식이란 현금출납장, 재무상태표와 손익계산서를 읽을 수 있는 정도를 말합니다.

그런데 이들 표를 이해하기 위해서는 자신이 직접 현금출납장, 재무상태표와 손익계산서를 몇 번 작성해보는 것이 가장 좋습니다. 모든 항목을 구체적으로 다 적어볼 필요는 없습니다. 이 책에서 나오는 정도만큼만 할 줄 알면 됩니다. 그러면 다음과 같은 사항을 제대로 파악할 수 있게 됩니다.

- 자금을 어떻게 조달했나?

- 조달한 자금을 어디에 사용했나?

- 돈을 얼마나 벌었나?

- 그 돈을 벌기 위해 얼마나 썼나?

- 매달 고정적으로 나가는 비용은 얼마인가?

- 영업 외로 지출이 되는 비용과 수익은 얼마인가?

재무제표를 통해서 매달 벌고 쓰는 돈을 파악하면 자연스럽게 경영계획을 세울 수 있습니다. 현금이 부족하면 주위에 빌려준 돈을 갚으라고 재촉한다든지, 이자 비용이 많이 나가면 자금을 조달할 다른 방법을 모색한다든지 하는 방안을 생각하게 되는 거죠.

꼭 직장을 위해서뿐만 아니라 개인을 위한 재무제표도 써볼 필요가 있습니다. 자신의 급여, 채무, 부동산 등을 재무제표에 넣고 계산을 해보는 거죠. 그러면 매달 얼마를 벌고 얼마나 쓰며, 부채는 얼마이고 등 일련의 돈의 흐름을 쉽게 확인할 수 있습니다.

자신의 현금이 들어오고 나가는 것을 확인하고 이익과 손실을 따져서 재무상태를 파악하는 것, 그것을 바로 '회계의 개인화'라고 합니다. 그런 의미에서 회사 운영을 위해서도 회계는 필요하지만, 개인의 재무 설계를 위해서도 반드시 필요합니다.

알아두면 쓸모 있는 **회계 상식 사전**

회알못 - 그럼 주식투자자가 기업 재무제표를 보는 이유는 무엇인가요?

택스코디 - 주식을 할 때 사람들은 해당 회사의 경영 자료나 애널리스트 보고서를 많이 봅니다. 더해 재무제표를 보기도 하죠. 재무제표는 가장 객관적이고 투명한 회계 정보이기 때문입니다.

재무상태표의 자산과 부채, 자본을 살펴보면 많은 것들이 보입니다. 자산은 미래에 돈을 벌어오는 것이 무엇인지 알게 해주고, 부채와 자본은 말 그대로 자기 돈은 얼마나 있고 빚을 얼마나 지고 있는지를 분명히 알게 해줍니다. 얼마나 건강한 기업인지 생각해 볼 수 있게 하는 지표인 셈이죠.

손익계산서를 보면 원가율과 이익을 알 수 있습니다. 기업이 물건 하나를 만드는데 비용이 얼마나 들고 그로 인해 이익률은 얼마인지 알 수 있게 하는 자료입니다. 또 몇 개를 팔아서 총 얼마의 이익을 얻었는지도 확인할 수 있습니다. 이런 일련의 자료를 통해 기업을 제대로 파악할 수 있게 됩니다.

재무제표를 해석하는 눈은 절대적으로 보는 사람의 지식 정도에 따라 달라집니다. 그러나 분식이 없다는 가정하에서 숫자는 거짓말을 하지 않습니다. 그래서 많은 사람이 정확한 정보를 얻기 위해서 재무제표를 보는 것입니다.

자, 이제 세상에서 가장 쉽게 회계를 공부하는 책을 만났습니다. 여러분의 건투를 빕니다.

세무대리인은 당신의 사업에 관심 없다

제목이 조금 자극적이죠. 제목 뒤에 한 문장을 더 추가해 보겠습니다.

"세무대리인은 당신의 사업에 관심 없고, 당신의 세금에만 관심이 있다."

어떤가요. 세무대리인을 고용하는 이유는 세금 신고에 관한 업무 대행을 맡기기 위해서입니다. 따라서 세금 신고만 큰 문제가 없으면 세무대리인은 그 역할을 다한 것입니다. 거기에 추가로 뭔가를 요구한다면, 그건 계약 위반이며 억지입니다. 많은 사업자가 세무대리인이 숫자와 관련한 업무는 다 해줄 거라 착각합니다. 사업은 대표가 하는 것이고, 세무대리인과의 계약상 업무 외에 뭔가

더 필요한 것이 있다면 추가 계약을 맺든지, 직원을 채용해서 해결하든지, 그것도 힘들면 직접 하든지, 이렇게 세 가지 정도의 방법만 있을 뿐입니다.

세무대리인 업무 범위를 조금 더 명확하게 이해하기 위해서는 약간의 회계지식이 필요합니다. 회계는 크게 세 가지로 구분할 수 있습니다.

- 재무회계
- 세무회계
- 관리회계

회사 외부 사람들 (은행과 같은 금융기관이나 주주와 같은 투자자 등)에게 사업의 성과와 현황을 보여주려고 필요한 것이 재무회계입니다. 만약 회사마다 제멋대로 성과와 현황을 정리한다면, 외부 사람들은 이해하기가 무척 어려울 것입니다. 은행이 돈을 1,000군데 빌려줬는데, 1,000개 회사 모두가 각자 방식으로 회계 정보를 보내준다면 어떨까요. 이를 방지하기 위해 서로 약속한 규칙에 따라 회계처리를 하는 것이 중요한데, 이것을 정리해놓은 게 바로 '재무회계'입니다. (참고로 사업 규모가 일정 규모 이상일 때는 국가가 회계 법인에게 해당 회사의 회계처리가 규칙에 따라 잘 이뤄졌는지 확인하도록 하는데, 이것이 바로 '회계감사'입니다.)

다음 세무회계는 국세청에 세금을 잘 신고하려고 필요한 규칙들을 정리해놓은 것입니다. 외부 사람들이 눈여겨보는 것과 세금 징수를 위해 국가가 주의 깊게 보는 것이 다르므로, 재무회계와 세무회계는 80~90%가 비슷하지만, 10~20%는 다를 수밖에 없습니다. 예를 들어 접대비의 경우 재무회계는 지출금액에 상관없이 모두 비용으로 인정하지만, 세무회계에서는 과도한 접대비 지출을 규제하기 위해 일정한 한도를 넘는 접대비는 비용으로 인정하지 않습니다. 이런 기준과 방식의 차이로 인해 기업에는 재무회계 외에 세무회계가 별도로 필요합니다.

회알못 - 그럼 사업을 시작해 세무대리인에게 소위 기장을 맡긴다는 게 바로 이걸 말하나요?

택스코디 - 네, 맞습니다. '세무회계' 업무 대행을 뜻합니다. 즉 세금 신고를 문제없이 하는 데 필요한 장부 작성을 전문회사에 아웃소싱하는 것입니다. 규모가 작은 대부분 중소기업은 회계감사 의무가 없으므로 세무회계 자료를 재무회계 대용으로 사용합니다. 예를 들어 은행에 재무제표를 제출할 때 세무대리인에게 받은 국세청 신고 자료를 제출하고 은행에서도 대부분 이를 수용합니다. 하지만 엄밀히 말하자면 실무상 편의를 위해서 그렇게 하는 것이지, 재무회계와 세무회계는 엄연히 구분되는 개념입니다.

마지막으로 회사 경영자가 의사결정을 내리는 데 필요한 회계 정보를 파악하기 위해 하는 회계가 관리회계입니다. 재무회계는 과거지향적이지만, 관리회계는 미래지향적입니다. 제품을 만드는 데 원가는 얼마나 들어갔는지 파악한 후 제품의 판매가격을 얼마로 정해야 이익이 날 것인지를 측정하고, 회계 정보를 토대로 향후 사업을 어떻게 끌고 갈 것인지와 같은 의사결정을 하는 분야를 말합니다. 관리회계를 한마디로 말하자면 '대표 또는 직원들이 보고 싶은 숫자 모음'입니다. 다음과 같습니다.

상품별 마진, 영업팀별 매출 성과, 마케팅 비용 대비 홈페이지 유입자 추이 등

이와 같은 내용은 재무회계와 세무회계 어디에서도 나오지 않습니다. 하지만 대표나 직원들이 원하는 정보라면 얼마든지 정리해서 보여주는 게 좋습니다. 이처럼 관리회계는 정해진 규칙이나 의무가 아니라 필요에서 파생되었으므로 보고 싶은 당사자(대표)가 잘 챙겨야 합니다.

- **재무회계**: 회계 법인이 챙겨준다
- **세무회계**: 세무대리인이 챙겨준다

• 관리회계: 대표가 직접 챙겨야 한다

실무에서는 관리회계 업무가 공백일 때가 너무 많습니다. 사업에서는 정성적인 면도 중요하기에 모든 사업 내용을 숫자로 정리할 수는 없습니다. 하지만 사업의 진행 상황이 숫자로 뒷받침되지 않으면 관리나 개선은 거의 불가능합니다.

경영 구루 피터 드러커의 다음 조언을 회계적으로 정의하면, 관리회계의 중요성을 얼마나 강조한 것인지 알 수 있습니다.

"측정할 수 없으면, 개선할 수 없다."

회계를 모르고 어떻게 사업을 한다고?

"회계를 모르고 어떻게 사업을 하나요!"

해보지도 않고 회계를 익히는 데는 제법 큰 노력과 시간이 들어 갈 거라는 고정관념으로 항상 바쁜 사업주들에게 회계는 늘 우선 순위에서 뒷전으로 밀리고 맙니다.

그런데 막상 해보면 생각만큼 회계 공부는 어렵지 않다는 것을 알 수 있습니다. 마음만 먹으면 하루만 공부해도 충분합니다. 또 배운 즉시 써먹을 수도 있고, 매출을 올리는 방법까지 보일 것입니다. 어떤가요? 해볼 마음이 생겼나요? 여러분은 앞으로 다음 두 가지 무기를 갖게 될 것입니다.

- 매출을 늘리는 가장 빠른 방법

• 숫자로 경영하는 방법

　먼저 어떤 과정을 거쳐 매출이 발생하는지 분석할 수 있으며, 꼭 필요한 최소한의 숫자를 주기별로 보며 숫자경영을 할 수 있으면 일단 충분해 보입니다. 여기에는 큰 지식이 필요치 않습니다. 누구라도 습득할 수 있죠.

　당신이 사업을 한다면 최소한의 회계지식은 필수 과목입니다. 이걸 이수한다고 해서 무조건 성공하는 사업주가 되는 건 아니지만, 이 필수 과목을 건너뛰면 훌륭한 사업주로 성장하기는 그만큼 힘이 듭니다.

회알못 - 저는 재무부서 직원도 아닌데, 굳이 회계를 공부할 필요가 있을까요?

택스코디 - 기업들이 회계, 자금, 금융과 전혀 관련 없는 비재무부서 직원들까지 재무교육을 강화하고 있습니다. 그 이유는 크게 2가지인데 첫 번째 종종 벌어지는 횡령 사건과 재무제표 감사의견 비적정 증가 등 위험요소가 많아져서 내부통제를 강화하려는 목적입니다.
두 번째는 날로 복잡해지는 기업 환경하에서 임직원들이 경영진의 중요 의사결정을 정확히 이해하도록 하기 위해서입니다. 경영진은 기업의 모든 구성원이 회사의 숫자가 어떻게 움직이는지 제대로 알아야 한다고 강조합니다.

얼핏 보면 생산부서나 개발부서에 근무하는 엔지니어나 개발자는 회사의 재무제표와 전혀 관련 없어 보입니다. 그저 본인이 속한 부서에서 역할과 책임(R&R)만 다하면 되는 것처럼 생각할 수 있습니다. 그러나 경영진은 회사에서 벌어진 모든 활동이 결국 기업의 언어인 회계로 표현되므로 누구나 숫자와 연결되어 있다고 생각합니다. 각 부서에서 발생하는 인건비, 재료비, 경비 등의 집행에 있어서 회사가 설정한 내부통제를 따르지 않는다면 비용 과다지출로 회사에 손실이 생길 수 있고, 품질 저하로 매출에 영향을 줄 수 있습니다. 그러므로 모든 부서의 임직원들은 회사가 구축한 내부통제를 잘 따라야 하고 그 결과로 작성된 재무제표를 보며 현재 상황을 이해해야 합니다.

가령 어떤 회사의 차입금이 급격히 증가하고 부동산도 매각한다면, 이 기업에 소속된 임직원들은 회사가 이렇게 무리하다가 빚더미에 앉아서 부실해지는 것은 아닌지 불안해 할 것입니다. 그러다 보면 일이 손에 잡히지 않고 일부 직원들은 이직을 꿈꾸기도 합니다. 경영진은 절대 그렇지 않다고 말하고 싶은데, 이때 가장 좋은 방법은 회사의 숫자로 재무교육을 하는 것입니다. 회사의 최근 현금 흐름표를 보면 영업활동을 통해서 매년 꾸준히 돈을 잘 벌고 있는데 회사의 사업이 성숙기에 접어들면서 더는 시설투자에 대한 대규모 집행이 불필요한 상황입니다. 결국, 버는 돈 대부분이 금융자산 취득이나 차입금 상환 등으로 쓰이게 됩니다. 안정성은 있지만, 추가 성장에 대한 답을 못 내는 상황에 빠진 것입니다.

이럴 때는 회사 사업과 시너지를 낼 수 있는 기업들을 인수·합병하는 것이 묘수가 됩니다. 투자금이 필요하므로 대출을 받거나 자산을 매각해야 하는데 담보 여력이 충분하고 신용이 좋으니 적당한 선에서 대출을 받았고, 자산 취득 시점 대비 이미 10배 이상 오른 부동산을 보유하는 것보다 매각하는 게 나은 의사결정이라는 점, 그리고 해외의 비슷한 인수·합병 사례에서 어떤 좋은 결과가 나왔는지 등의 자료를 갖고 보여줬더니 회사 구성원들이 안심하고 다시 일에 집중할 수 있게 됩니다. 그리고 경영진이 하는 여러 대규모 투자의사 결정에 대하여 전폭적인 지지와 신뢰를 보내며 회사가 다시 하나가 되는 모습을 보입니다.

백번 말하는 것보다 숫자로 보여주는 힘은 이렇게 매우 강력합니다. 모든 구성원이 하나의 배를 타고 같은 목표를 향해 나아가는 기업은 더욱 그렇습니다. 임직원이 하나가 되어 이 경제위기를 극복하려면 당장 회사의 숫자부터 공부해야 합니다.

이제 회계를
장착하자

"직원들 월급날은 어느새 다가와 있고, 분명히 번 돈이 없는데 세무서에서는 세금을 내라고 계속 고지서를 보냅니다. 대출금은 어느새 만기가 다가와 있고 연장하려고 알아보니 이자가 대폭 올라간다고 합니다. 몇 달이라도 더 버텨보려고 정부지원금도 알아봤지만, 어찌 된 일인지 나는 해당 사항이 없다고 합니다. 집에 생활비를 가져다준 지가 언제인지 기억도 나지 않습니다."

사업은 시작했는데, 돈을 벌지 못하면 그에 따른 고통은 아주 큽니다. 누구는 사업으로 자신이 원하던 삶을 살고, 다른 누구는 사업 때문에 인생이 나락으로 떨어지기도 합니다.

이에 대한 이유는 수천수만 가지, 아니 수백만 가지일 것입니다. 초기 자본이 부족해서, 사업 아이템이 좋지 않아서, 직원들을 잘못 뽑아서 등이죠. 하지만 이 책에서는 많은 사람이 간과하는 매우 중요한 사실 하나만을 강조하고자 합니다.

"지난달에 얼마를 벌었나요?"

"음, 그건⋯ 잘 모르겠습니다. 따로 계산하지 않았거든요."(세무
대리인이 그런 건 정리해서 안 주던데요.)

아주 황당한 상황입니다. 돈을 벌 목적으로 사업을 시작했는데,
얼마를 버는지 모른다니요. 말도 안 되는 일이라고 생각하지만,
제법 많은 회사 대표가 가진 문제입니다. 믿기지 않나요? 다음 네
가지 질문을 스스로에게 해봅시다.

- 지난달에 얼마를 벌었나? (매출액은 얼마인가?)
- 지난달에 얼마가 남았는가? (이익은 얼마인가?)
- 매출처에 받을 돈은 얼마인가? (매출채권은 얼마인가?)
- 매입처에 줄 돈은 얼마인가? (매입채무는 얼마인가?)

당신은 바로 답을 할 수 있나요? 대부분 이 질문에 바로 대답을
하지 못합니다. 첫 번째 매출액 정도만 겨우 대답하거나 하나도
답하지 못합니다. 원대한 꿈을 가지고 사업해서 돈을 벌고자 하는

데, 본인이 얼마를 버는지도 모른다는 건 정말 아이러니입니다.

- 나는 올해 사업으로 얼마를 벌까?
- 매출을 2배로 늘리기 위해서 어떤 부분을 개선해야 할까?
- 만약 매출이 2배가 된다면, 실제로 얼마나 돈을 더 벌 수 있을까?

바로 위와 같은 질문에 답을 하기 위해서 회계는 탄생한 것입니다. 회계를 '비즈니스 언어'라고도 합니다. 따라서 회계를 배우면 경영을 더 쉽게 알 수 있는 거죠.

사업을 바라보는 방법에는 여러 가지가 있습니다. 가장 쉬운 방법은 직감적으로 아는 것입니다. 자신이 타고난 사업가이거나 사업가 집안에서 태어나 자연스럽게 사업에 필요한 지식을 체득했다면 사업을 맨눈으로 바라봐도 됩니다. 대부분 자신의 직감과 실제에 큰 차이가 없을 것입니다. (실제로 재무제표를 보지 않고도 회사 실적을 동물적으로 파악하는 대표들이 있습니다.)

하지만 안타깝게도 대부분 사람은 깜깜이 경영이라는 사업의 어두운 터널에서 헤어나지 못합니다. 매일매일 열심히 일했는데도 집에 가져갈 돈이 없습니다. 더 암울한 점은 왜 그런 일이 일어나는지 이유를 모른다는 것입니다. 내 회사를 아무리 이해해보려

알아두면 쓸모 있는 **회계 상식 사전**

해도 어디서부터 어떻게 시작해야 하는지 감도 오지 않고, 더 열심히 보려 할수록 더 뿌옇게만 보입니다.

이럴 때 필요한 것이 바로 회계입니다. 최소한의 회계지식만 익히면 불과 며칠 안에 자신의 사업을 객관적으로 바라볼 수 있습니다. 회계학은 공부의 범위가 상당히 넓지만, 사업주에게 필요한 회계지식은 배울 게 그리 많지 않습니다. 아마도 가성비가 최고인 공부가 될 것입니다. 당신의 경영 도구에 회계를 장착합시다. 매우 강력한 무기가 될 것입니다.

PART 02

알아두면 쓸모 있는
회계 상식
(회계 용어)

차변과 대변이란?

회알못 – 차변과 대변은 무엇이고, 거래의 원인과 결과를 어떻게 차변과 대변에 구분해 적나요?

택스코디 – 현재 회계는 모두 좌우로 나눠서 기장하는 복식부기에 기초합니다. 장부상의 좌측을 차변, 우측을 대변이라고 합니다. 차변은 영어로 debit이고 대변은 영어로 credit입니다.

예를 들어 제 3자에 대한 대여금은 상대방 입장에서 보면 빌리는 것입니다. 한편 제 3자에게 받은 차입금은 상대방 입장에서 보면 빌려주는 것입니다. 그래서 대여금이라는 채권을 계상하는 왼쪽을 차변이라고 하고, 차입금이라는 채무를 계상하는 오른쪽을 대변이라고 합니다.

초기 회계장부는 채권과 채무를 기록하는 것이 주된 목적이었고, 또 회계장부를 이용하는 곳은 주로 은행이었습니다. 채권, 채무만이 아니라 수익이나 비용 등을 계상하는 차변과 대변은 단순하게 좌측과 우측이라는 의미밖에 없다고 말해도 좋습니다.

간단히 정리해보면 복식부기에서 차변은 자산의 증가를, 대변은 부채의 증가를 기록하는 것입니다. 차변은 원래 '나에게 돈을 빌린 사람'에 관한 내용을 기록하는 곳을, 대변은 '나에게 돈을 빌려준 사람'에 관한 내용을 기록하는 곳을 말합니다.

차변과 대변의 기원은 대출에서 시작됐습니다. 과거 회계기록은 대부분 돈이나 물건을 빌려주거나 빌린 것에 관한 것이었습니다. 그래서 내(회계 주체)가 다른 사람에게 돈을 빌려준 상황에는 나에게 돈을 빌려 간 사람(차인)을 적어야 합니다. 즉 타인에게 돈을 빌려줘 받을 돈(자산)이 생긴 경우 차변에 빌려 간 사람(차인)에 관한 정보(빌린 사람과 금액 등)를 적는 것입니다.

대변은 차변과 반대라고 보면 됩니다. 내(회계 주체)가 돈을 빌려서 갚을 돈(부채)이 생겼다면 '나에게 돈을 빌려준 사람(대인)'에 관한 정보를 장부 대변에 기록합니다.

정리하면 차변은 '자산의 증가(빌려준 돈의 발생)'를, 대변은 '부채의 증가(빌린 돈의 발생)'를 기록하는 곳입니다.

복식부기에서는 대출뿐만 아니라 모든 자산(집기 · 비품, 가구 등)의 증가를 차변에, 모든 부채의 증가를 대변에 기록합니다. 차변과 대변을 요약하면 다음 표와 같습니다.

알아두면 쓸모 있는 **회계 상식 사전**

차변	대변
나에게 돈을 빌려간 사람	나에게 돈을 빌려준 사람
차인	대인
돌려받을 돈이므로 자산	갚을 돈이므로 부채 (단, 회사가 주주로부터 출자 받은 돈은 자본)
자산의 증가	부채의 증가

'A라는 사람으로부터 빌린 100만 원으로 집기를 사서 카페에서 쓰고 있다'라는 내용을 회계장부에 기록하면, 다음과 같습니다.

차변	대변
집기 100만 원	차입금 100만 원
카페에 쓰고 있는 100만 원짜리 집기	집기를 구매해서 생긴 갚을 돈 100만 원
자산 증가 100만 원	부채 증가 100만 원

회계처리를 할 때 100만 원짜리 집기가 생긴 것은 자산의 증가이므로 차변에, A로부터 빌린 100만 원의 차입금은 향후 갚아야 할 부채의 증가이므로 대변에 기록해야 합니다.

분개란
무엇인가?

회계상 거래를 기록하기 위한 수단을 '부기(簿記)'라고 합니다. 부기는 복수의 장부와 거기에 따르는 몇 개의 절차에 따라서 구성되는데, 제일 먼저 하는 것이 바로 '분개(分介)'입니다.

재무제표를 구성하는 자산, 부채, 자본, 수익, 비용이라는 5가지 요소의 증감을 기록하는 수단이 분개입니다. '재무제표에서 필요한 자릿수만큼 잘라내는 것'이라고 생각하면 이해가 쉽습니다.

먼저 재무상태표와 손익계산서에서 자산, 부채, 자본, 수익, 비용의 기본 위치는 다음 표와 같습니다. 예를 들어 매출이 발생해 100원이 늘어난 거래가 있다고 합시다. 회계는 거래를 항상 원인과 결과의 양면에서 파악합니다. 이 거래는 '100원의 매출이라는 원인으로, 100원의 현금이 늘어나는 결과를 낳았다'라고 파악합니다. 즉 대변의 수익이 늘어남에 따라서 차변의 자산이 늘어난 것입니다. 이 증감 관계를 하나하나 재무제표를 사용해서 기록하는 것은 힘든 일이므로 필요한 부분만 빼서 다음과 같이 기록합니다.

차변	현금 100원 제무상태표 자산의 증가	대변	매출액 100원 손익계산서 수익의 증가

다른 예로 빌려준 돈을 돌려받아서 현금이 100원 늘어난 거래를 봅시다. 이 거래에서는 대여금이 100원 감소한 것이 원인으로 작용해 현금이 100원 증가한 결과를 낳았습니다. 부기에서 감소 거래는 기본 위치와 반대쪽에 쓰므로 대여금의 감소는 다음처럼 자산의 기본 위치와 반대쪽인 대변에 씁니다. 이렇게 분개란 '차변과 대변에 나눠 적는 것'을 말합니다.

차변	현금 100원 제무상태표 자산의 증가	대변	대여금 100원 재무상태표 자산의 감소

회알못 - 한 달 동안 발생한 거래 중 회계처리를 해야 하는 것들은 분개(회계전표에 기록)할 수 있게 되었습니다. 이제 무엇을 해야 하나요?

택스코디 - 전표에 분개한 내용만으로는 특정한 시점에 현금, 외상매출금 또는 차입금 등 자산과 부채가 얼마나 있는지 알 수 없습니다. 또 일정 기간에 수익이나 비용이 얼마나 발생했는지 파악하기가 어렵습니다. 특히 현금 잔액을 파악하려면 매일매일의 회계전표를 하나하나 추적하면서 증감 내역을 계산해야 합니다. 만약 하루에 수백 또는 수천 건의 거래가 발생한다면 회계전표를 일일이 찾아서 계산해야 합니다. 다른 자산이나 부채도 마찬가지입니다.

회계전표에 분개한 내용과 자산과 부채의 각 항목의 잔액을 쉽게 파악하기 위해서는 회계의 각 계정별원장을 작성해야 합니다. 그리고 거래를 회계전표에 분개할 때마다 같은 내용을 각 계정별원장에도 옮겨 적어야 하는데, 이것을 '전기'라고 합니다. 전기란 이전하여 기록한다는 뜻입니다.

그럼 A 카페에서 발생한 첫 번째 거래를 계정별원장에 어떻게 전기하는지 알아봅시다.

• 1월 1일 카페에 자본금 5,000만 원을 투자했다

1. 회계전표에 분개 - 1월 1일 발생한 거래를 원인과 결과로 구분한 후, 거래의 8가지 유형 중 해당하는 것을 찾아 회계전표에 분개합니다.

회계전표

작성일자: 2023년 1월 1일

차변		대변	
계정과목	금액	계정과목	금액
현금	5,000만 원	자본금	5,000만 원

2. 분개한 내용을 계정별원장에 전기 – 분개한 내용을 현금과 자본금 각각의 계정별원장에 전기합니다. 분개 내용과 동일하게 차변에 분개한 현금은 현금계정의 계정별원장 차변에, 대변에 회계처리한 자본금은 자본금계정의 계정별원장 대변에 기록합니다.

계정별원장 (현금)

2023년 1월 1일 ~ 2023년 1월 31일

회사명: A 카페   계정과목: 현금

날짜	적요란	코드	거래처	차변	대변	잔액
1.1	자본금 납입			5,000 만 원		5,000 만 원
합계						

계정별원장 (자본금)

2023년 1월 1일 ~ 2023년 1월 31일

회사명: A 카페   계정과목: 자본금

날짜	적요란	코드	거래처	차변	대변	잔액
1.1	현금자본금 입금		회사 금고		5,000만 원	5,000만 원
합계						

각 거래가 발생할 때마다 분개한 내용을 계정별원장에 기록해 두면 특정 시점의 계정별잔액을 쉽게 파악할 수 있습니다. 다음에 나오는 현금 계정별원장에서 A 카페의 1월 말 현금 잔액은 4,400만 원이라는 것을 한눈에 알 수 있습니다. 이렇듯 회계의 각 계정마다 계정별원장을 작성해 두면 거래 내역과 잔액을 쉽게 파악할 수 있으므로, 각 계정별로 장부를 별도로 작성해서 관리하는 것이 좋습니다.

계정별원장 (현금)

2023년 1월 1일 ~ 2023년 1월 31일

알아두면 쓸모 있는 **회계 상식 사전**

회사명: A 카페   계정과목: 현금

날짜	적요란	코드	거래처	차변	대변	잔액
1.1.	설립자본금 입금			5,000만 원		5,000만 원
1.1.	임차료 지출		00부동산		100만 원	4,900만 원
1.2.	기구 구입		00회사		1,200만 원	3,700만 원
1월 중	커피재료비 지출		거래처		300만 원	3,400만 원
1월 중	커피판매대금 입금		고객	1,000만 원		4,400만 원
합계				6,000만 원	1,600만 원	4,400만 원

- 계정: 회계의 계정이란 자산, 부채, 자본, 수익, 비용을 보다 세부적으로 관리하기 위해 구분한 단위를 말합니다. 자산은 현금, 예금, 재고자산, 외상매출금 등으로 구분하고, 부채는 외상매입금, 차입금, 미지급세금 등으로 구분합니다. 자본, 수익, 비용도 마찬가지입니다. 이렇게 세부적으로 구분한 단위를 현금계정, 예금계정, 재고자산계정 등으로 부릅니다.

- 계정별원장: 계정별원장이란 각 계정별로 매일매일 회계처리 내

역을 기록한 장부를 말합니다. A 카페 현금계정의 계정별원장을 보면 1월 1일부터 1월 31일까지 현금의 변동 내역이 일목요연하게 기록되어 있습니다.

대차평형의 원리란?

회알못 – A 카페에서 발생한 1월 한 달 동안 거래 또는 사건 중 회계처리를 해야 하는 것들을 파악한 후 회계전표에 분개하고, 계정별원장에 전기했습니다. 그런 다음 결산을 통해 손익계산서와 재무상태표 작성까지 무사히 끝냈습니다. 이를 통해 1월 한 달 동안 벌어들인 순이익과 1월 31일 기준으로 자산, 부채, 자본의 현황을 알게 되어 매우 기쁩니다. 그런데 처음 해 본 회계처리가 제대로 되었는지, 손익계산서와 재무상태표가 올바르게 작성되었는지 확인할 길이 없어 걱정입니다. 과연 카페 재무제표를 제대로 작성했을까요?

택스코디 – 결론부터 말하면 크게 걱정할 필요가 없습니다. 그 이유는 복식부기에 자체 검증기능이 있기 때문입니다. 복식부기는 회계 항등식으로 인해 항상 차변과 대변이 일치하게 되며 오류가 발생하면 대차가 일치하지 않습니다.

복식부기에서는 하나의 거래를 두 개로 나눠 하나는 차변에, 다른 하나는 대변에 기록합니다. 이때 차변 금액과 대변 금액은 항상 일치합니다. 그러므로 몇 번의 거래가 있든지 간에 차변의 합계액은 대변의 합계액과 일치할 수밖에 없습니다. 즉 대차는 항상 평형을 이룹니다. 이것을 회계에서는 '대차평형의 원리' 또는 '대차평균의 원리'라고 합니다. 대차평형의 원리는 회계거래의 8가지 유형으로 이루어지는 회계처리를 통해서도 확인할 수 있습니다.

최초 자산 금액에서 회계 기간 중 변동금액인 (자산의 증가 - 자산의 감소) 금액을 가감하면 특정한 시점 (기말)의 자산 잔액이 됩니다. 부채와 자본도 마찬가지입니다. 결국, 최초 시점의 자산, 부채, 자본 금액에서 회계 기간 중 증가와 감소분을 반영하고 나면 특정 시점의 자산, 부채, 자본의 잔액이 됩니다.

차변 · 대변
기초 자산 = 기초 부채 + 기초 자본 회계 기간 중 변동분 회계처리 (자산 증가 - 자산 감소) = (부채 증가 - 부채 감소) + (자본 증가 - 자본 감소) + (수익 발생 - 비용 발생) 기말 자산의 잔액 = 기말 부채의 잔액 + 기말 자본의 잔액

알아두면 쓸모 있는 **회계 상식 사전**

참고로 재무상태표에는 기업의 미래에 플러스 효과를 가져 오는 플러스 재산이 있고, 반대로 미래에 마이너스 효과를 가져 오는 마이너스 재산이 있습니다. 플러스 재산을 총칭해서 '자산', 마이너스 재산을 총칭해서 '부채'라고 합니다.

자산 중에서 가장 알기 쉬운 것이 현금입니다. 이외에도 사업을 하면 필요한 토지, 건물, 기계설비 등도 자산입니다. 이들 실물자산 이외에도, 제3자에 대한 청구권 같은 권리도 그것이 실행되면 기업에 플러스 효과를 가져 오므로 자산이 됩니다. 이러한 권리를 채권이라고 합니다. 자산은 실물재산과 채권으로 이루어지는데, 더 일반적으로 정의하면 다음과 같습니다.

- 자산: 미래의 현금을 증가시키는 플러스 잠재력

예를 들어 토지, 건물, 기계설비 등의 실물자산은 사업에 사용하면 앞으로 수년에 걸쳐 현금을 가져옵니다. 또 청구권 같은 채권은 기한이 도래하면 회사로 현금이 들어옵니다. 반대로 그런 잠재력이 없는 것은 자산이 되지 않습니다.

한편 부채는 기업의 재산에 부정적인 효과를 가져 오는 것입니다. 이것에는 법적 의무를 동반하는 채무는 물론이고, 단순하게는 미래에 회사 재산을 감소시키는 잠재력도 포함합니다. 따라서 부채는 채무보다도 넓은 개념입니다. 부채도 일반적인 개념을 사용해서 정의하면 다음과 같습니다.

- 부채: 미래의 현금을 감소시키는 마이너스 잠재력

예를 들어 차입금과 미지급금은 둘 다 미래에 현금이 유출되어 현금을 감소시키므로 부채입니다.

물리학적으로 말하면 잠재력은 위치에너지입니다. 위치에너지란 높은 곳에 놓여 있는 물체가 지닌 에너지이고, 그 자체가 잠재력입니다. 자산을 사용해서 수익과 비용이라는 운동에너지로 바뀌는 것입니다.

스톡과 플로란?

이익은 회사가 벌어들인 돈을 말합니다. 돈을 벌었다는 것은 재산이 증가했다는 것입니다. 회계에서는 이 재산의 증감을 재무상태표와 손익계산서라는 두 종류의 표로 파악할 수 있습니다.

재산을 물로 바꿔 생각해 봅시다. 욕조에 물이 100 리터 담겨 있다고 합시다. 이 욕조에 50 리터 물을 부었는데, 동시에 30 리터 물이 흘러나갔습니다. 그 결과 일정 시간 후 욕조 안의 물은 120 리터가 되었습니다.

이때 처음 욕조에 있던 물은 100 리터, 일정 시간 후의 물은 120 리터라는 정보를 알면, 그 차액으로 물이 20 리터 늘었다는 사실을 알 수 있습니다. 이 물의 증가분이 이익에 해당합니다.

재산일람표가 있으면 그 차액이 얼마인지로 재산의 증가분을 알 수 있습니다. 이 재산일람표가 바로 재무상태표입니다. 재산일람표는 어떤 한 시점에서 재산의 잔고를 정적으로 파악할 수 있습니다. 재무상태표가 나타내는 정보는 특정 시점에 따른 정보이고 움직이지 않습니다. 이런 정지된 상태의 정보를 '스톡(stock, 저량)'이라고 합니다.

한편 일정 기간 욕조에 유입된 물은 50 리터, 유출된 물은 30 리터라는 정보에서도 물이 20 리터 늘었다는 사실을 알 수 있습니다. 이 정보는 물이 들어오고 나가는 프로세스를 동적으로 파악합니다. 이런 관점에서 이익을 파악하는 것이 손익계산서입니다.

손익계산서에서 나타내는 정보는 기간에 따른 정보이고, 그 기간의 움직임을 파악하는 것입니다. 이처럼 움직이는 정보를 '플로(flow, 유량)'라고 합니다. 바로 흐름입니다.

회계에서는 손익계산서와 재무상태표라고 하는 2개의 표를 사용해서 도중의 프로세스와 그 결과라는 형태로 재산의 증가분인 이익을 파악하고 있습니다.

손익계산서는 유량을 나타내는 재무제표라면, 재무상태표는 저량에 대응하는 재무제표입니다. 손익계산서가 특정 '기간'의 성적표라면, 재무상태표는 특정 '시점'의 성적표 입니다. 따라서 사업

알아두면 쓸모 있는 **회계 상식 사전**

을 정확히 파악하기 위해서는 반드시 손익계산서와 재무상태표를 동시에 확인해야 하지만, 실무에서는 많은 사람이 손익계산서만 확인하고 재무상태표는 대충 보는 경우가 너무 많습니다.

실제로 본인 사업의 성패를 좌우할 귀한 정보는 재무상태표에 담겨 있습니다. 그 이유는 손익계산서는 짧게는 한 달, 길어야 1년의 정보만 들어 있다면, 재무상태표에는 사업이 문을 연 후부터 지금까지 모든 행위의 결과가 축적되어 있기 때문입니다.

재무상태표의 구성은 원인과 결과의 관계로 쉽게 이해할 수 있습니다. 다음 표는 아주 간단한 형태의 재무상태표입니다. 우측에 원인 부분을 보면 부채와 자본이 있습니다. 부채는 빌려온 돈이고, 자본은 투자한 돈입니다. 빌려온 돈과 투자한 돈을 합해 사업을 시작합니다. 사업을 열심히 한 결과물이 좌측에 자산으로 표시되는 것입니다.

〈재무상태표 구성〉

결과 (차변)	원인 (대변)
●자산 (부채+자본) • 유동자산(현금화 쉬움): 현금 및 현금성자산(예금), 매출채권 · 미수금, 재고자산 • 비유동자산(현금화 어려움): 유형자산, 무형자산	●부채(빌려온 돈) • 유동부채: 매입채무 · 미지급금 등 • 비유동부채: 차입금 ●자본(투자한 돈): 자본금, 이익잉여금

참고로 자산은 크게 유동자산과 비유동자산으로 나눌 수 있습니다. 유동자산은 매출채권과 재고자산처럼 금방 현금화할 수 있는 것들이고, 비유동자산은 토지, 건물, 기계장치처럼 팔아서 현금화하기가 상대적으로 더 어려운 자산입니다. 토지 위에 건물을 짓고 기계를 들여서 돈 버는 모습을 생각하면, 비유동자산은 사업에 돈을 벌어다 주는 근본적인 자산군이라고 할 수 있습니다.

이처럼 부채와 자본에서 시작한 돈의 흐름은 자산의 어느 한 계정에서 끝나게 됩니다. 그래서 원인과 결과라고 표현했고, 회계에서는 우측을 대변, 좌측을 차변이라고 부릅니다.

세알못 – 그럼 재무상태표에서 중요하게 봐야 할 건 무엇인가요?

택스코디 – 다음과 같습니다.

1. 매출채권과 미수금

매출은 계약 단계와 증빙 단계를 거쳐 수금 단계라는 흐름으로 움직입니다. 의외로 많은 회사가 물건을 팔고 나서 돈을 잘 못 받습니다. 제때 돈을 잘 받는 것은 회사의 안정적인 현금흐름을 위해 무엇보다 중요합니다. 그래서 반드시 매출채권과 미수금 목록을 관리하고 수시로 못 받은 돈이 없는지 확인해야 합니다. 받을

알아두면 쓸모 있는 **회계 상식 사전**

돈 관리는 다음처럼 하면 좋습니다.

- 미수금 목록을 작성한다.
- 입금 예정일 2~3일 전에는 반드시 메일, 문자 등으로 알린다.
- 미입금분은 최대한 빨리 받는다. 특히 기한을 연장할 때는 입금받기로 한 당월을 넘기지 않는다.

2. 매입채무와 미지급금

가끔 실무에서 뫼비우스의 띠처럼 도돌이표 같은 상황이 일어납니다. 어찌 보면 중고거래 상황과 비슷합니다.

구매자: 물건부터 받고 입금할게요.
판매자: 입금 확인되면 물건을 보낼게요.

물건을 매입하고 세금계산서를 요청하면 이런 일이 자주 발생합니다.

구매자: 세금계산서부터 받고 입금할게요.
판매자: 입금 확인되면 세금계산서를 발행할게요.

평소에 세금계산서를 수취하고 이에 근거해서 출금하는 것을 하나의 정해진 순서로 만들어 놓으면, 나중에 부가가치세와 법인세를 신고할 때 증빙이 없어서 억울하게 가산세를 무는 일은 없을 것입니다. 매입채무와 미지급금을 관리할 때 세무리스크를 줄이는 핵심은 출금 전에 증빙을 수취하는 것임을 명심합시다. 참고로 줄 돈 관리는 다음처럼 하면 좋습니다.

- 미지급금 목록을 작성한다
- 한 달에 두세 번 약속한 일자에 일괄 출금한다
- 출금 전 반드시 세금계산서 등의 적격증빙을 수취한다

3. 자본잠식 여부

사업이 적자가 계속되면 어느 순간 자본이 마이너스가 되는 경우가 많습니다. 이를 자본잠식이라고 합니다. 자본잠식이 되면 기존 대출이 연장되지 않고 바로 환수될 가능성이 매우 큽니다.

본인 사업의 재무상태표를 확인할 때 반드시 자본이 마이너스가 아닌지 꼭 확인해야 합니다. 만약 이를 발견했을 때는 연말까지 어떻게든 개선 방안을 마련할 수 있도록 노력해야 합니다.

여기서 실무상 매우 중요한 점이 있습니다. 상장사처럼 큰 회사

알아두면 쓸모 있는 **회계 상식 사전**

재무제표는 회사가 작성 후 공인회계사가 검토 혹은 감사까지 해서 외부에 공시되는 자료입니다. 반면 대부분 중소기업 재무제표는 공인회계사의 감사를 받지 않으므로, 회사가 법인세를 신고할 때 첨부 서류로 들어가는 재무제표를 은행 등의 금융기관에서는 정답지로 간주합니다.

그러나 국세청에 첨부되는 재무제표를 표준재무제표라고 하는데, 본인 회사 자본잠식 여부를 확인할 때는 반드시 이 '표준' 재무상태표라고 적혀 있는 것으로 진행해야 합니다. 그냥 재무상태표에는 자본잠식이 아니지만, 표준재무상태표에는 마이너스인 경우가 실무에서는 제법 많으므로 꼭 구분해 확인하도록 합시다.

PART 03

알아두면 쓸모 있는
회계 상식
(재무제표)

기본부터 배우자
(현금출납장의 한계)

자본금 4,500만 원에, 은행에서 3,000만 원을 빌려서 7,500만 원이던 자금이 순식간에 1,500만 원으로 줄어들었습니다. 기간 동안 매입 매출 내역은 다음과 같습니다.

한 달 매출은 1,500만 원이고, 미리 지급한 1년 치 창고임대료 1,800만 원, 광고비, 450만 원, 재료비 750만 원, 기계장치 및 설비비용 4,500만 원을 현금출납장에 기록하니 다음과 같습니다.

〈 설비투자를 포함한 현금출납장 〉

적요	금액 (단위: 만 원)
수입 자본금 차입금(은행) 매출액	 4,500 3,000 1,500
수입합계	9,000

지출 재료매입액 점포 임대료 광고선전비 기계장치 및 비용	750만 원 1,800만 원 450만 원 4,500만 원
지출합계	7,500만 원
잔액	1,500만 원

회알못 - 지금 수중에는 1,500만 원 밖에 없지만, 창고임대료는 1년 치를 미리 냈고, 매출도 순조로우니 이대로 가면 자금 문제는 괜찮을 것 같아요. 그런데 궁금한 게 있습니다. 광고선전비는 실제 광고가 나갔을 때 그 대가로 지급한 비용이고, 점포 임대료는 1년 치를 미리 줬으니 내년 재계약 할 때까지는 괜찮은데, 기계장치 같은 설비비용은 올해 대금 4,500만 원을 다 줬는데, 설비 자체는 계속 남아있으니까 이후에도 계속 쓸 수 있습니다. 광고선전비와 점포 임대료와는 뭔가 종류가 다른 비용 같아요.

택스코디 - 중요한 걸 지적했습니다. 광고선전비처럼 연도 내에 써 버리면 끝인 것과 몇 년에 걸쳐 사용하는 것은 회계상 취급이 다릅니다. 현금출납장만으로는 몇 년에 걸쳐 사용하는 장치 등을 정확히 기록하긴 어렵습니다.

말이 나온 김에 조금 더 말하자면 차입금도 현금출납장만으로는 제대로 기록할 수 없습니다. 은행에서 3천만 원을 빌려 3천만 원짜리 자동차를 샀다고 가정해 봅시다. 차입금 상환기한은 5년이고, 계산 편의상 이자는 생각하지 않기로 합시다. 만약 이 내용을 현금출납장에 기록한다면 다음과 같습니다.

< 돈을 차입해서 자동차를 샀을 때 현금출납장 >

적요	금액 (단위: 만 원)
수입 차입금	3,000
수입 합계	3,000
지출 자동차 대금	3,000
지출 합계	3,000
잔액	0

차입금이 3천만 원이고, 자동차 대금 지출이 3천만 원이니까 이것으로 끝일까요? 그런데 자동차가 내년에도 계속 있듯이, 빌린 돈도 그대로 계속해서 있습니다. 상환 기간이 5년이므로 매년 600만 원씩 갚아 나간다고 하면 이듬해 이후의 현금출납장에는 매년 차입금 상환 600만 원이라는 숫자가 지출 부분에 나타나게 됩니다. 그럼 다음 기말의 차입금 잔액은 2,400만 원이 됩니다. 그러나 그 차입금 잔액 2,400만 원은 다음 기 현금출납장의 어디에도 나와 있지 않습니다.

그래서 이런 문제를 해결하기 위해 새로운 방법이 나온 것이 바로 '복식부기'입니다. 재무상태표라는 말은 들어 본 적이 있죠? 위와 같은 문제를 해결한 것이 바로 재무상태표입니다. 현금출납장만으로는 몇 년씩 사용하는 장치 혹은 설비 같은 자산이나 몇 년에 걸쳐 상환하는 차입금이 얼마나 남았는지 알 수 없죠. 이 문제를 해결하는 동시에 회사 자산과 차입금, 자본금이 얼마나 남아 있는지 한눈에 알 수 있게 만든 것이 재무상태표입니다.

〈회사 설립 시 재무상태표〉

| 현금 7,500만 원 | 차입금 3,000만 원 |
| | 자본금 4,500만 원 |

위 표가 회사를 설립했을 때 재무상태표입니다. 재무상태표 왼쪽은 차변, 오른쪽은 대변이라고 부릅니다. 대변에는 돈을 어떻게 모았는가가 적혀 있고, 차변에는 그 모은 돈이 어떤 형태로 존재하는가가 나타나 있습니다. 모은 돈으로는 은행에서 빌린 돈, 즉 차입금 3천만 원 하고, 본인 돈, 즉 자본금 4,500만 원이 기록돼 있습니다. 이 돈은 현금의 형태로 회사에 들어왔으므로 재무상태표 차변은 결국 현금 7,500만 원이 되는 겁니다.

회알못 - 이 상태에서 빌린 돈을 갚으면 어떻게 되나요?

〈 차입금을 일부 상환했을 시 재무상태표 〉

현금 6,900만 원	차입금 2,400만 원
	자본금 4,500만 원

대변의 차입금은 600만 원이 줄어드니까 잔액은 2,400만 원이 됩니다. 그리고 재무상태표 차변은 현금으로 600만 원을 갚았으므로 현금 잔액은 6,900만 원이 되는 거죠.

모은 돈은 재무상태표 대변 합계와 같이 7,500만 원입니다. 그 돈 중에서 기계장치 대금을 현금으로 지급했으니 남은 돈은 3천만 원입니다. 모은 돈 7,500만 원이 3,000만 원은 현금의 형태로, 4,500만 원은 기계장치의 형태로 회사에 존재하는 거죠. 다음 표와 같이 정리하면 됩니다.

<기계장치 매입 후 재무상태표>

현금 3,000만 원 기계장치 4,500만 원	차입금 3,000만 원
	자본금 4,500만 원
차변의 합계 7,500만 원	대변의 합계 7,500만 원

기본부터 배우자
(재무상태표)

회알못 - 재무상태표는 구체적으로 무엇을 나타내는 표인가요?

택스코디 - 재무상태표는 조직이나 개인의 실질 자산을 계산하는 표입니다. 가령 저의 실질 자산이 현재 얼마인지 계산하려면, 먼저 자산을 다음 표와 같이 차변에 기록부터 합니다.

〈자산 현황〉

현금 예 · 적금 주식 집 자동차	

여기서 자산이 본래 갖고 있던 돈으로 조달한 거라면, 그것은 모두 저의 자산이라고 할 수 있지만, 돈을 빌려서 조달한 것이라면 말은 달라집니다. 이 자산에서 빚인 주택 구입비나 자동차 할부금을 뺀 나머지가 저의 실질 자산입니다. 이런 실질 자산을 기록한 표가 바로 재무상태표입니다. 다음과 같습니다.

〈실질 자산을 계산하는 재무상태표〉

현금 예 · 적금 주식 집 자동차	주택대출금 자동차 할부금
	실질 자산

회계에서는 재무상태표의 차변을 '자산 항목'이라 하고, 대변을 '부채 항목'이라고 합니다. 그리고 실질 자산이 적힌 항목을 '자본 항목'이라고 부릅니다. 따라서 자산에서 부채를 빼면 자본이 되고 다음 표처럼 표시합니다.

자산 항목	부채 항목
	자본 항목

알아두면 쓸모 있는 **회계 상식 사전**

그럼 회사 설립 시 재무상태표를 기록하면 다음과 같습니다.

<회사 설립 시 재무상태표>

20XX년 X월X일

자산 항목	부채 항목
	차입금 3,000만 원
현금 7,500만 원	자본 항목
	자본금 4,500만 원
자산 합계 7,500만 원	부채 · 자본 합계 7,500만 원

재무상태표는 영어로 밸런스 시트(balance sheet)라고 합니다. 여기서 'balance'라는 의미는 '잔액'이라는 뜻입니다. 따라서 재무상태표는 '자산잔액일람표'입니다. 즉 현금 잔액, 예 · 적금 잔액, 집의 가치 잔액, 빚진 돈의 잔액, 실질 자산 잔액처럼 자산의 잔액을 한눈에 볼 수 있게 나타낸 표라서 밸런스 시트라고 합니다.

또 재무상태표에는 20XX년 X월 X일 같은 식으로 반드시 날짜가 기록되어 있습니다. 그 이유는 어느 시점의 자산인지 특정 날짜를 기록하지 않으면 계산할 수 없기 때문입니다.

기본부터 배우자
(손익계산서)

회사의 손실과 이익을 계산한 표가 바로 손익계산서입니다. 손익계산서는 1사업연도, 보통 1년간의 이익을 계산하는 표입니다. 손익계산서의 이익 계산은 다음과 같고, 이게 전부입니다.

이익 = 수익 (매출) – 비용

회알못 - 광고선전비와 같이 써버리면 즉시 사라지는 비용하고, 기계장치처럼 나중에도 계속 자산으로 남는 것은 회계상으로 어떤 차이가 있나요?

택스코디 - 광고선전비와 기계장치는 회계상의 기록 방식도 다르고, 해당 기의 비용 처리하는 개념도 다릅니다. 기계장치는 몇 년에 걸쳐 사용합니다. 그리고 매년 그 기계장치를 사용해 매출을 올리고 이익을 얻습니다. 매년의 올바른 이익을 계산하려면 매기마다 기계장치 비용을 어떻게 생각해야 할까요?

기계장치 대금 4,500만 원은 1사업연도 1분기 때 모두 지급했지만, 매년의 올바른 이익을 계산하려면 손익계산서상에서는 기계장치를 사용연한에 따라 분할에 인식해야 합니다. 이것만이 아닙니다.

또 회사가 어느 사업연도에 외상으로 상품을 모두 판매했는데 대금을 그 회사의 결산기가 지난 다음 기에 받기로 했다고 합시다. 이때 만약 회계 규칙에 대금을 회수한 시점에 매출로 계상한다고 정해져 있다면, 그 회사의 그 기의 매출은 0이 됩니다. 착실히 영업 활동을 하고 상품을 판매했으면서도 손익계산서가 올바른 영업 활동을 나타내지 못하게 됩니다. 그래서 회계 규칙은 대금을 회수한 시점이 아니라 상품 및 서비스를 제공한 시점에 매출로 계상하도록 정해져 있습니다.

정리하면 손익계산서는 현금흐름을 나타내는 표가 아니라, '올바른 이익'을 계산하는 표입니다.

손익계산서는 재산의 증감을 보여주는 이익을 동적으로 포착한 것으로, 영어 머리글자를 따서 P/L이라는 표현도 자주 사용합니다. 다만 유럽과 미국에서는 손익계산서를 income statement라고 합니다.

손익계산서는 수익에서 비용을 빼서 이익을 계산하는데, 그 이익을 한꺼번에 계산하지 않습니다. 단계적으로 이익을 계산합니다.

예를 들어 100원에 구입한 것을 150원에 파는 경우 150원이 매출액이고 100원이 매출원가입니다. 매출원가란 '매출의 원가'라는 뜻입니다. 매출액에서 매출원가를 빼면 매출총이익입니다.

매출액 - 매출원가 = 매출총이익

여기에서 판매비와 관리비를 빼면 영업이익입니다. 판매비와 관리비는 간단히 말하면 본업에 관련된 일상적인 비용입니다. 그것을 뺀 영업이익은 본업에서 나온 이익입니다. 회계에서 말하는 영업은 본업과 바꿔 쓸 수 있고 서로 의미가 통합니다.

매출총이익 - 판매비와 관리비 = 영업이익

영업이익 밑으로 계속 나오는 것은 영업외수익과 영업외비용입니다. 즉 본업 외 플러스가 얼마인지와 본업 외 마이너스가 얼마인지를 알려주는 수치입니다. 본업 외로 상정되는 것은 이자 같은 금융비용입니다. 일반회사에서 돈을 빌려주고 돌려받는 것은 본업이 아닙니다. 그러므로 여기에 따르는 이자수익과 이자비용은 각각 영업외수익, 영업외비용입니다.

돈을 빌려주고 돌려받는 것은 본업은 아니지만 경영상에서는 일상적인 일입니다. 영업이익에 영업외수익과 영업외비용을 가산 또는 차감한 것을 법인세비용차감전순이익이라고 합니다.

영업이익 + 영업외수익 - 영업외비용 = 법인세비용차감전순이익

이것이 전부입니다. 법인세비용차감전순이익에서 법인세비용을 빼고 남은 것이 당기순이익이 됩니다.

법인세비용차감전순이익 - 법인세비용 = 당기순이익

기본부터 배우자
(복식부기)

회계에서 사용하는 '거래'라는 용어는 일상에서 사용하는 의미와는 조금 다릅니다. 회계에서 거래는 회계상으로 기록 대상이 되는 모든 일입니다. 즉, 자산, 부채, 자본, 수익, 비용 등의 5요소에서 양쪽에 변동을 가져오는 모든 것을 거래라고 합니다. 이중 어느 것에도 변동을 가져오지 않는 것은 회계상에서는 거래라고 하지 않습니다.

예를 들어 오랜 논의 끝에 절충해서 드디어 계약하기로 합의했다고 합시다. 그때 일반적으로는 "거래가 성립되었다"라고 말하지만, 회계상에서는 거래라고 말하지 않습니다. 설령 계약서를 바꾸었다고 해도 5요소의 양쪽 다 변동하지 않았기 때문에 회계상으로는 거래가 아닙니다. 그것이 거래로 인식되려면 현금을 수령

했다든지, 상품을 수령 했다든지 해야 합니다.

한편 일상에서는 통상 거래라고 부르지 않는 것이 회계상에서는 거래가 되는 경우가 있습니다. 예를 들어 불이 나서 회계상의 건물이 소실되었다고 합시다. 일상에서는 아무도 이것을 거래라고 하지 않습니다. 섣불리 거래라고 했다가는 불난 집 주인에게 얻어맞을지도 모릅니다. 그러나 건물이라고 하는 자산의 감소와 그것에 따르는 비용의 발생이 있으므로 회계상에서 이것은 거래입니다. 회계상에서 거래인 것이 회계처리의 대상이 됩니다. 더 구체적으로 말하면 부기에서 분개의 대상이 됩니다.

복식부기의 복식(複式)은 '둘'이라는 의미이고, 부기(簿記)는 '장부에 기록 한다'라는 뜻입니다.

잘 알고 있는 현금출납장은 복식이 아닌 부기로 기록된 장부입니다. 단식부기라고도 합니다. 현금출납장은 모든 거래를 현금흐름이라는 하나의 관점(단식)으로 장부에 기록합니다. 반면 복식부기는 모든 거래를 반드시 두 가지 관점으로 파악합니다. 다음 표처럼 자산과 부채, 자본, 비용, 수익(매출)이라는 다섯 가지로 분류해서 기록하는 것입니다.

<복식부기 다섯 가지 항목>

자산	부채
	자본
비용	수익(매출)

자본금 4,500만 원으로 회사를 설립했을 때, 자본금 4,500만 원이라는 거래는 먼저 자본 항목에 4,500만 원이라고 기록합니다. 그 4,500만 원은 회사에 현금의 형태로 들어오죠. 그러므로 자산 항목에 현금 4,500만 원이라고 기록하면 됩니다. 다음과 같습니다.

자산 현금 4,500만 원	부채
	자본 자본금 4,500만 원
비용	수익(매출)

다음에는 차입금의 경우를 생각해 봅시다. 차입금 3,000만 원도 반드시 두 가지 관점으로 파악해야 합니다. 먼저 부채 항목에 차입금 3,000만 원을 기록합니다. 이것도 회사에 현금의 형태로 들어오므로 자산 항목에 현금 3,000만 원을 기록합니다. 다음과 같습니다.

자산 현금 3,000만 원	부채 차입금 3,000만 원
	자본
비용	수익(매출)

또 현금 매출이 1,500만 원이므로 수익 항목에 매출액 1,500만 원을 기록합니다. 또 한 곳, 자산 항목에 현금 1,500만 원을 기록하면 다음과 같습니다.

자산 현금 1,500만 원	부채
	자본
비용	수익(매출) 매출 1,500만 원

만약 재료비를 현금으로 750만 원 치를 매입했다면, 비용 항목에 매입 750만 원을 기록하고, 자산 항목에서 현금이 750만 원이 빠져나갔다고 다음과 같이 기록합니다.

자산 현금 △ 750만 원	부채
	자본
비용 매입 750만 원	수익(매출)

지금까지 네 가지 예를 들었는데 모두 하나의 거래를 두 가지 관점으로 기록했습니다. 그리고 항상 위 표의 대변 합계와 차변 합계가 일치하도록 기록해야 한다는 규칙이 있습니다.

이 표를 합계잔액시산표라고 합니다. 회사가 돈을 모으는 방법에는 세 가지가 있습니다. 그것은 합계잔액시산표의 오른쪽에 적혀 있습니다. 타인에게 빌리는 것(부채), 자본가에게 자본금을 얻는 것(자본), 마지막으로 회사가 스스로 벌어들이는 수익(매출)입니다. 이 세 가지 방법으로 모은 돈이 이미 외부에 지급한 비용과 어떤 형태로든 회사에 남아있는 자산으로 나뉘는 것입니다.

이 합계잔액시산표를 다음과 같이 가운데 있는 굵은 선 부분에서 상하로 나누면 위가 재무상태표고 아래가 손익계산서입니다.

자산	부채
	자본
비용	수익(매출)

알아두면 쓸모 있는 **회계 상식 사전**

기본부터 배우자
(재무제표의 연관성)

　모든 기업은 재무제표를 작성해야 합니다. 손익계산서와 재무상태표로 자신들의 영업 활동을 설명하면 기업은 사회적으로 신용을 얻을 수 있습니다. 또 기업은 그 손익계산서와 재무상태표로 평가받기도 합니다. 그러므로 경영자가 재무제표를 이해하지 못하면 사업을 할 수가 없습니다.

　다음 표를 보면 왼쪽 위가 현금출납장이고, 오른쪽 위는 손익계산서, 아래쪽에 있는 것이 재무상태표입니다. 그리고 이 표에는 몇 가지 원칙이 있습니다.

　먼저 손익계산서의 이익과 재무상태표의 이익잉여금은 서로 연관되어 있습니다. 이익잉여금은 회사가 직접 모은 돈이 재무상태표에 축적된다고 보면 됩니다.

그리고 재무상태표의 좌우 합계는 언제나 일치합니다. 또 현금출납장의 잔액과 재무상태표의 현금은 항상 일치합니다. 현금출납장의 잔액은 그 회사가 현시점에 가진 현금의 잔액입니다. 재무상태표는 자산잔액일람표고 재무상태표의 현금은 회사가 그 시점에 현금의 형태로 가진 자산을 뜻합니다. 그러므로 현금출납장의 잔액과 재무상태표의 현금은 일치합니다.

마지막으로 현금출납장의 잔액과 손익계산서의 이익은 일치하지 않습니다. 손익계산서가 반드시 현금흐름을 나타내는 표가 아니기 때문입니다.

현금출납장 (현금의 출입을 나타내는 표)		손익계산서 (올바른 이익을 계산하는 표)
수입		매출액
지출		비용
잔액		이익
재무상태표(자산잔액일람표)		
자산 항목		부채 항목
현금		
		자본 항목
		자본금 이익잉여금
자산 합계		부채 · 자본 합계

알아두면 쓸모 있는 **회계 상식 사전**

위 표의 장점은 우리에게 친숙한 현금출납장의 숫자를 보면서 똑같은 거래를 기록한 손익계산서와 재무상태표의 숫자를 보면 재무제표 시스템을 간단히 이해할 수 있습니다.

각 표가 말하는 것, 재무상태표는 자산잔액일람표, 손익계산서는 올바른 이익을 나타내는 표, 현금출납장은 현금의 출입을 나타내는 표라는 것을 인식하고 그 세 가지의 연관성을 이해하면 재무제표를 이해하는 것은 생각보다 쉬울 것입니다.

PART 04

알아두면 쓸모 있는
재무제표 작성하기
(기본)

내 손으로 직접 작성해 보자
(자본금 기록)

앞장에서 설명한 내용과 양식을 바탕으로 직접 재무제표를 작성해봅시다. 직접 해보면 회계 매커니즘을 한눈에 더 쉽게 파악할 수가 있습니다.

먼저 자본금부터 시작해서 표에 숫자를 하나하나 기록해 봅시다. 조금 친숙한 현금출납장에 숫자를 쓰고 그다음은 손익계산서, 마지막으로 재무상태표에 기록하면 됩니다.

현금출납장은 현금 출입만 기록하는 표입니다. 자본금이 4,500만 원 들어왔으므로 수입 부분에 자본금 4,500만 원이라고 적어봅시다. 현금출납장의 현금 잔액은 다음 표와 같이 4,500만 원이 됩니다.

현금출납장 (현금의 출입을 나타내는 표)		손익계산서 (올바른 이익을 계산하는 표)	
수입 자본금 4,500만 원		매출액	
지출		비용	
잔액 4,500만 원		이익	
재무상태표(자산잔액일람표)			
자산 항목		부채 항목	
현금 4,500만 원			
		자본 항목	
		자본금 4,500만 원 이익잉여금	
자산 합계 4,500만 원		부채·자본 합계 4,500만 원	

모든 회사가 하는 활동은 똑같습니다. 모든 회사는 '돈을 모은 다 → 투자한다 → 이익을 발생시킨다'라는 세 가지 활동을 합니다.

사업을 시작하려면 먼저 돈이 필요합니다. 그 돈을 자본금이나 차입금 형태로 모읍니다. 다음에는 그렇게 모은 돈을 투자합니다. 투자를 통해 이익이 발생합니다. 이 세 가지 활동을 표로 나타낸 것이 바로 재무상태표와 손익계산서입니다.

그 회사가 돈을 어떻게 모았는지는 재무상태표의 대변에 기록하고, 그것을 무엇에 투자했는지는 재무상태표 차변에 기록하죠.

또 어떻게 이익을 발생했는지 손익계산서에서 계산합니다.

돈을 모은다 → 투자한다 → 이익을 발생시킨다

(재무상태표)　　　　(손익계산서)

위 순서는 모든 회사의 공통적인 활동입니다. 자본금으로 회사를 설립하는 것은 회사의 어떤 활동에 해당할까요? 바로 돈을 모으는 활동입니다. 돈을 모으는 활동이 나타나는 곳은 재무상태표 대변입니다. 손익계산서에는 아무런 영향이 없습니다. 자본금을 모았다고 매출이 오르는 것은 아니기 때문이죠. 즉, 자본금은 손익계산서에 아무런 영향을 주지 않습니다.

다시 복습하면 재무상태표 대변은 돈을 어떻게 모았는지를 나타내고(자본금으로 4,500만 원을 모았고), 차변은 모은 돈이 어떤 형태로 회사에 존재하는지(현금으로 4,500만 원이 남아있음)를 나타냅니다. 따라서 재무상태표 좌우합계는 4,500만 원과 4,500만 원으로 일치합니다. 또 재무상태표 현금 4,500만 원은 현금출납장의 가장 밑에 있는 잔액 4,500만 원과도 일치합니다. 현금출납장의 잔액은 이 시점에 회사가 보유한 현금의 총액이고, 재무상태표 현금은 그 시점에 회사가 가진 자산 중에서 현금의 형태로 보유한 자산의 잔액이므로 이 둘은 일치해야 합니다.

내 손으로 직접 작성해 보자
(차입금, 비용 기록)

이제는 은행에서 빌린 돈(차입금)을 기록해 봅시다. 생각만큼 어렵지 않죠?

먼저 현금출납장에서는 차입으로 3,000만 원이 들어왔고 자본금 4,500만 원을 합쳐 잔액이 7,500만 원이 되었습니다. 하지만 손익계산서에는 아무런 변화가 없습니다. 차입금은 회사가 돈을 모으는 활동이므로 돈을 빌렸다고 매출이 오를 리는 없기 때문이죠. 당연히 돈을 빌렸는데 비용이 발생할 이유도 없고, 즉 손익계산서에는 변화가 없습니다.

따라서 다음 표와 같이 재무상태표 대변에는 차입금 3,000만 원이 들어가고, 따라서 차변은 현금 7,500만 원이 됩니다. 이것이 현금출납장 잔액 7,500만 원과 일치하게 됩니다.

현금출납장 (현금의 출입을 나타내는 표)	손익계산서 (올바른 이익을 계산하는 표)
수입 자본금 4,500만 원 차입금 3,000만 원	매출액
지출	비용
잔액 7,500만 원	이익

재무상태표(자산잔액일람표)	
자산 항목	부채 항목
현금 7,500만 원	차입금 3,000만 원
	자본 항목
	자본금 4,500만 원 이익잉여금
자산 합계 7,500만 원	부채 · 자본 합계 7,500만 원

회알못 - 그럼 점포 임대료와 광고비는 어떤 식으로 기록하나요?

택스코디 - 먼저 현금출납장에 숫자를 넣어야겠죠. 그리고 점포 임대료 1,800만 원과 광고비 450만 원은 모두 지출이므로 손익계산서에서 비용이 됩니다. 이 시점에서는 아직 매출이 없으니 결과적으로 2,250만 원 적자입니다. 이것이 재무상태표 이익잉여금과 연관되고, 재무상태표 차변에는 현금 7,500만 원이 5,250만 원(7,500만 원 - 2,250만 원)으로 바뀌게 됩니다. 이렇게 해서 재무상태표 좌우는 또 일치합니다.

알아두면 쓸모 있는 **회계 상식 사전**

현금출납장 (현금의 출입을 나타내는 표)	손익계산서 (올바른 이익을 계산하는 표)
수입 자본금 4,500만 원 차입금 3,000만 원	매출액
지출 점포 임대료 1,800만 원 광고선전비 450만 원	비용 점포 임대료 1,800만 원 광고선전비 450만 원
잔액 5,250만 원	이익 △ 2,250만 원

재무상태표(자산잔액일람표)	
자산 항목	부채 항목
	차입금 3,000만 원
현금 5,250만 원	자본 항목
	자본금 4,500만 원 이익잉여금 △ 2,250만 원
자산 합계 5,250만 원	부채·자본 합계 5,250만 원

제가 회계를 배울 때 궁금했던 것이, 가령 사무용품을 50만 원치 사면 재무상태표 차변에 있는 현금은 틀림없이 50만 원이 줄어드는데, 그 시점에서 빚을 갚은 것도 아니고 자본금이 줄어들지도 않았는데 왜 재무상태표는 항상 균형을 이룰까 하는 것이었습니다. 그건 바로 현금 50만 원으로 사무용품을 사면 손익계산서 비용으로 계상돼 이익이 50만 원 줄어들고, 그것이 재무상태표 대변에 있는 이익잉여금과 연관되어 재무상태표 대변 숫자를 떨어뜨리기 때문입니다. 그래서 재무상태표 대변과 차변이 각각 50

만 원씩 줄어들게 됩니다.

내 손으로 직접 작성해 보자
(유형자산)

회알못 - 궁금한 것이 있습니다. 재무상태표의 대변은 돈을 어떻게 모았는지를 나타내고, 그 돈이 회사에 어떤 형태로 존재하는가를 나타낸 것이 차변인데, 사무용품 형태로 회사에 존재하니까 비용이 아니라 자산 아닌가요?

택스코디 - 좋은 질문입니다. 회계상 바람직한 모습은 일단 사무용품은 재무상태표 차변에 50만 원으로 기록하고, 1년 사이에 다 사용한 사무용품만 손익계산서에 계상해야 합니다. 하지만 사무용품처럼 금액이 소액이고 일반적으로 1년 안에 모두 써 버리는 것은 재무상태표에 계상하지 않고 처음부터 모두 손익계산서에 계상하도록 정해져 있습니다. 1년이 지난 뒤에도 볼펜 한 자루가 남아있을 수도 있겠지만, 회계상으로는 다 썼다고 인식하기로 한 것입니다.

이제 기계장치 대금 4,500만 원을 기록해 봅시다. 사무용품과 달리 몇 년에 걸쳐 사용하는 기계장치를 당기의 손익계산서에 4,500만 원을 모두 넣는 것은 문제가 있습니다. (앞서 말했듯이 손익계산서는 올바른 이익을 계산하는 표이기 때문입니다) 따라서 몇 년에 걸쳐 사용하는 것을 손익계산서에 비용으로 계상할 때는 감가상각이라는 개념을 사용하는데, 이건 뒤에서 다시 설명하기로 하고 일단 여기에서는 손익계산서의 비용 계상은 무시하고 기계장치를 4,500만 원에 매입했다는 것만 설명합니다.

먼저 현금출납장에서는 기계장치 및 비용으로 4,500만 원이 빠져나갑니다. 손익계산서의 비용은 일단 무시하기로 했으므로 이익은 여전히 -2,250만 원입니다. 따라서 다음 표와 같이 재무상태표 차변은 기계장치를 현금 4,500만 원에 샀으므로 현금이 5,250만 원에서 750만 원으로 줄어들고, 기계장치 및 비품으로 4,500만 원을 기록합니다. 이건 '재무상태표 대변에 기록한 5,250만 원이 차변에서는 현금 750만 원과 기계장치 및 비품 4,500만 원이라는 형태로 바뀌어 회사에 존재 한다'라는 의미입니다.

현금출납장 (현금의 출입을 나타내는 표)	손익계산서 (올바른 이익을 계산하는 표)
수입 자본금 4,500만 원 차입금 3,000만 원	매출액
지출 점포 임대료 1,800만 원 광고선전비 450만 원 기계장치 및 비품 4,500만 원	비용 점포 임대료 1,800만 원 광고선전비 450만 원
잔액 750만 원	이익 △ 2,250만 원

재무상태표(자산잔액일람표)	
자산 항목	부채 항목
	차입금 3,000만 원
현금 750만 원 기계장치 및 비품 4,500만 원	자본 항목
	자본금 4,500만 원 이익잉여금 △ 2,250만 원
자산 합계 5,250만 원	부채·자본 합계 5,250만 원

내 손으로 직접 작성해 보자
(매출과 매입)

이제 사업과 관련한 모든 숫자를 넣어 봅시다. 그동안 매출은 9,000만 원이고, 매입은 4,500만 원입니다. 그리고 직원 급여와 기타 경비를 합쳐 4,500만 원이 더 지출되었습니다.

먼저 현금출납장에는 수입으로 매출액 9,000만 원, 지출로 상품매입액 4,500만 원, 그리고 인건비로 4,500만 원을 기록합니다. 수입은 9,000만 원이 늘어났지만, 지출 역시 합계 9,000만 원이므로 현금출납장의 잔액은 변함없이 750만 원입니다.

손익계산서에도 매출액에 9,000만 원을 계상하고, 비용에는 매출원가에 4,500만 원과 급여수당에 4,500만 원을 각각 계상합니다. 따라서 손익계산서의 이익도 변함없이 -2,250만 원입니다.

알아두면 쓸모 있는 **회계 상식 사전**

재무상태표의 현금은 매출액으로 9,000만 원이 들어오고 매입액 4,500만 원과 인건비 4,500만 원이 나갔으므로 역시 750만 원입니다. 정리하면 다음 표와 같습니다.

현금출납장 (현금의 출입을 나타내는 표)	손익계산서 (올바른 이익을 계산하는 표)
수입 자본금 4,500만 원 차입금 3,000만 원 매출액 9,000만 원	매출액 9,000만 원
지출 상품매입액 4,500만 원 점포 임대료 1,800만 원 광고선전비 450만 원 기계장치 및 비품 4,500만 원 인건비 4,500만 원	비용 매출원가 4,500만 원 점포 임대료 1,800만 원 광고선전비 450만 원 급여수당 4,500만 원
잔액 750만 원	이익 △ 2,250만 원

재무상태표(자산잔액일람표)	
자산 항목	부채 항목
현금 750만 원 기계장치 및 비품 4,500만 원	차입금 3,000만 원
	자본 항목
	자본금 4,500만 원 이익잉여금 △ 2,250만 원
자산 합계 5,250만 원	부채 · 자본 합계 5,250만 원

이제 여태 말했던 내용을 다시 정리해 봅시다. 현금출납장은 모든 거래를 현금흐름이라는 한 가지 관점에서 파악해 기록한 장부입니다. 반면 합계잔액시산표는 모든 거래를 반드시 두 가지 관점에서 파악한 후 자산, 부채, 자본, 비용, 수익(매출)이라는 다섯 가지로 분류해 기록한 장부입니다. 이 합계잔액시산표를 둘로 나누면 손익계산서와 재무상태표가 됩니다.

손익계산서는 일정 기간 사업연도의 올바른 이익을 계산하는 표입니다.

재무상태표는 특정 시점의 자산잔액일람표인 동시에 회사의 실질 자산을 계산하는 표입니다.

손익계산서와 재무상태표에는 모든 기업에 공통적인 '돈을 모은다 → 투자한다 → 이익을 발생 시킨다'라는 세 가지 활동에 관해서만 기록합니다.

PART 05

알아두면 쓸모 있는 재무제표 작성하기

(활용)

내 손으로 직접 작성해 보자
(외상거래의 이해)

회알못 – 수중에 가진 현금은 여전히 적었지만, 매입처에서 외상매입 (9,000만 원)을 허락해 준 덕분에 자금 사정에 다소 여유가 생겨, 돈이 없어도 상품을 대량으로 매입할 수 있게 되었습니다. 이 무렵 한 회사에서 대량 주문이 들어와 외상매출 (1억 5천만 원)이 발생했습니다. 이런 외상거래는 어떻게 기록하나요?

택스코디 – 회계 초보자가 이해하는 데 가장 애를 먹는 부분이 바로 외상거래입니다. 계속 말하지만, 현금출납장과 복식부기 회계의 가장 큰 차이점은 복식부기의 경우 현금흐름이 없는 거래를 처리한다는 데 있습니다. 현금흐름이 없는 거래를 이해할 수 있으면 복식부기는 거의 다 이해했다고 해도 무방합니다.

복식부기 회계에서는 현금흐름과 상관없이 상품 및 서비스를 제공한 시점에 매출이나 매입으로 계상합니다. 그럼 외상매출금

1억 5,000만 원과 외상매입금 9,000만 원을 어떻게 처리하는지 따로따로 설명하겠습니다. (여기에서는 빠른 이해를 위해 일단 외상매출금 1억 5,000만 원 이외의 숫자는 다 무시합니다.)

외상매출에 따른 매출액 1억 5,000만 원만 손익계산서에 계상하니 이익은 1억 5천만 원 그대로 늘어나겠죠? 외상매출에 따른 매출로 이익이 1억 5,000만 원 증가하고, 그 이익은 재무상태표의 이익잉여금과 연관되므로 재무상태표 대변도 1억 5,000만 원이 증가합니다. 이건 외상매출에 따른 매출이라 이 시점에는 현금이 들어오지 않았습니다. 따라서 재무상태표 차변의 현금은 변함없이 0입니다. 이때 재무상태표의 대변과 차변이 똑같이 1억 5천만 원 증가하도록 다음 표와 같이 외상매출금이라는 항목으로 재무상태표의 차변에 1억 5,000만 원을 계상하는 것입니다.

현금출납장 (현금의 출입을 나타내는 표)		손익계산서 (올바른 이익을 계산하는 표)
수입 자본금 차입금 매출액		매출액 1억 5,000만 원
지출 상품매입액 점포 임대료 광고선전비 기계장치 및 비품 인건비		비용 매출원가 점포 임대료 광고선전비 급여수당
잔액		이익 1억 5,000만 원

재무상태표(자산잔액일람표)	
자산 항목	부채 항목
현금 외상매출금 1억 5,000만 원 기계장치 및 비품	차입금
	자본 항목
	자본금 이익잉여금 1억 5,000만 원
자산 합계 1억 5,000만 원	부채 · 자본 합계 1억 5,000만 원

회알못 – 외상거래는 이렇게 기록하기로 원래 정해진 건가요?

택스코디 – 회계 규칙으로 그렇게 정한 것입니다. 이 외상매출금은 미래에 받을 수 있는 권리입니다. 미래에 받을 수 있는 권리를 자산으로 계상하기로 한 것입니다.

외상매입금도 마찬가지입니다. 이번에는 외상매입금 9,000만 원 이외는 전부 무시하고 외상매입만 생각해 봅시다. 만약 손익계산서에 외상매입에 따른 매입(매출원가)만 9,000만 원 계상한다면 이익은 9,000만 원 줄어들겠죠. 손익계산서의 이익과 재무상태표의 이익잉여금은 연관되므로 재무상태표의 자본 항목도 9,000만 원이 줄어듭니다. 외상매입은 현금 지급을 뒤로 미룬 매입이므로 이 시점에는 현금흐름이 없습니다. 재무상태표 차변에 있는 현금은 0으로 변하지 않습니다. 그래서 외상매입금이라는 항목을 재무상태표의 대변에 계상하기로 한 것입니다. 그래야 다음 표처럼 재무상태표의 좌우 합계가 0으로 일치하기 때문이죠.

외상매입금은 미래에 지급해야 하는 의무입니다. 부채라고 하면 흔히 타인에게 갚아야 하는 빚으로 알고 있지만, 원래 부채는 미래에 지급해야 하는 의무를 가리키는 말입니다.

알아두면 쓸모 있는 **회계 상식 사전**

현금출납장 (현금의 출입을 나타내는 표)		손익계산서 (올바른 이익을 계산하는 표)
수입 자본금 차입금 매출액		매출액
지출 상품매입액 점포 임대료 광고선전비 기계장치 및 비품 인건비		비용 매출원가 9,000만 원 점포 임대료 광고선전비 급여수당
잔액 0원		이익 △ 9,000만 원
재무상태표(자산잔액일람표)		
자산 항목		부채 항목
현금 0원 외상매출금 기계장치 및 비품		외상매입금 9,000만 원 차입금
		자본 항목
		자본금 이익잉여금 △ 9,000만 원
자산 합계 0원		부채 · 자본 합계 0원

내 손으로 직접 작성해 보자
(외상매출금, 외상매입금)

회알못 - 그럼 외상매출금 1억 5,000만 원과 외상매입금 9,000만 원을 앞서 만든 표에 한꺼번에 추가하면 어떤 식으로 기록해야 하나요? (6개월 매출이 9천만 원이었으므로 1년 매출은 1억 8천만 원으로, 6개월 매입이 4,500만 원이었으므로 1년 매입은 9,000만 원(인건비도 마찬가지로 9,000만 원)으로 가정)

택스코디 - 먼저 현금출납장부터 시작합시다. (외상으로 매입해서 외상으로 팔았으므로) 현금흐름이 없으니까 현금출납장엔 아무런 변화가 없습니다. 현금 잔액은 계속 750만 원이 됩니다.

다음 손익계산서에는 외상매출액에 따른 매입액(매출원가)을 계상해야 합니다. 연간 1억 8,000만 원이던 매출액에 1억 5천만 원의 외상매출이 추가되었으므로, 매출액은 합쳐서 3억 3천만 원이 됩니다. 매출원가도 마찬가지입니다. 현금매입 9,000만 원에 외상매입이 또 9,000만 원이므로 매출원가는 합계 1억 8,000만 원입니다.

손익계산서는 그 기의 올바른 이익을 계산하기 위한 표이므로 현금흐름과 상관없이 상품 및 서비스를 제공하거나 받은 시점에 그 거래를 계상해야 합니다. 그래서 손익계산서는 반드시 현금흐름을 나타내는 표는 아닙니다.

회알못 - 외상매출에 따른 매출이나 외상매입에 따른 매입을 계상한 시점에는 현금흐름이 없습니다. 현금 잔액도 변함없이 750만 원인데, 그럼 어디가 달라진 거죠?

택스코디 - 앞장에서 따로따로 말한 외상매출과 외상매입을 합친 겁니다. 재무상태표 차변에 외상매출금으로 1억 5,000만 원을 계상하고, 대변에 외상매입금으로 9,000만 원을 계상했죠. 다음 표를 봅시다.

한 가지 덧붙이자면 재무상태표의 대변에 있는 이익잉여금도 현금이 아닙니다. 재무상태표 대변에는 현금 같은 것은 없습니다. 현금은 오직 재무상태표 차변의 가장 위에 적혀 있는 것뿐입니다. 한 번 더 말하지만 재무상태표 대변은 돈을 어떻게 모았는지를 나타낼 뿐이고 그 돈은 이미 어딘가에 사용되고 있습니다. 재무상태표에서 현금을 나타내는 것은 오로지 차변 위에 있는 현금 항목뿐이라는 것을 명심해야 합니다.

현금출납장 (현금의 출입을 나타내는 표)	손익계산서 (올바른 이익을 계산하는 표)
수입 자본금 4,500만 원 차입금 3,000만 원 매출액 1억 8,000만 원	매출액 3억 3,000만 원
지출 상품매입액 9,000만 원 점포 임대료 1,800만 원 광고선전비 450만 원 기계장치 및 비품 4,500만 원 인건비 9,000만 원	비용 매출원가 1억 8,000만 원 점포 임대료 1,800만 원 광고선전비 450만 원 급여수당 9,000만 원
잔액 750만 원	이익 3,750만 원

재무상태표(자산잔액일람표)	
자산 항목	부채 항목
현금 750만 원 외상매출금 1억 5,000만 원	외상매입금 9,000만 원 차입금 3,000만 원
기계장치 및 비품 4,500만 원 현금 750만 원	자본 항목
	자본금 4,500만 원 이익잉여금 3,750만 원
자산 합계 2억 250만 원	부채 · 자본 합계 2억 250만 원

내 손으로 직접 작성해 보자

(외상매입금 지급)

회알못 – 사업의 확장으로 은행에서 추가 대출 1억 2천만 원을 받았습니다. 이제 제가 직접 작성해 보겠습니다.

먼저 이전 차입금 3,000만 원에 추가로 대출받은 1억 2천만 원을 더해 1억 5천만 원이 되었습니다. 차입금이므로 손익계산서에는 변화가 없습니다. 그런데 재무상태표 대변은 차입금이 3,000만 원에서 1억 2천만 원이 늘어나 1억 5천만 원이 됐습니다. 또 차변에서는 현금 750만 원에서 1억 2,750만 원으로 1억 2천만 원이 늘어나서 다음 표와 같습니다.

현금출납장 (현금의 출입을 나타내는 표)	손익계산서 (올바른 이익을 계산하는 표)
수입 자본금 4,500만 원 차입금 1억 5,000만 원 매출액 1억 8,000만 원	매출액 3억 3,000만 원

지출 상품매입액 9,000만 원 점포 임대료 1,800만 원 광고선전비 450만 원 기계장치 및 비품 4,500만 원 인건비 9,000만 원	비용 매출원가 1억 8,000만 원 점포 임대료 1,800만 원 광고선전비 450만 원 급여수당 9,000만 원
잔액 1억 2,750만 원	이익 3,750만 원
재무상태표(자산잔액일람표)	
자산 항목	부채 항목
현금 1억 2,750만 원 외상매출금 1억 5,000만 원 기계장치 및 비품 4,500만 원	외상매입금 9,000만 원 차입금 1억 5,000만 원
	자본 항목
	자본금 4,500만 원 이익잉여금 3,750만 원
자산 합계 3억 2,250만 원	부채 · 자본 합계 3억 2,250만 원

그럼 이제 추가로 대출을 받아 현금이 생겼으니 외상매입금을 지급하고, 은행에서 먼저 빌린 돈 3,000만 원도 상환해야겠죠. 이것도 회계처리를 해볼까요.

먼저 현금출납장부터 시작합시다. 외상매입금을 지급했다는 것은 상품대금을 뒤늦게 지급한 것이므로, 상품매입액은 기존의 9,000만 원에 외상매입금 9,000만 원이 추가돼 1억 8,000만 원이 됩니다. 그런데 외상매입을 했을 때 매출원가에 계상했으므로 손익계산서에는 아무런 변화가 없습니다. 그리고 재무상태표 대변에서는 외상매입금이라는 미래에 지급해야 하는 의무를 다했으

니 외상매입금은 0이 됩니다. 또 차변은 현금 9,000만 원을 지급

했으니 1억 2,750만 원이던 현금이 3,750만 원으로 줄어듭니다.

이렇게 해서 현금출납장 잔액 3,750만 원과 일치하게 됩니다. 다

음 표와 같습니다.

현금출납장 (현금의 출입을 나타내는 표)	손익계산서 (올바른 이익을 계산하는 표)
수입 자본금 4,500만 원 차입금 1억 5,000만 원 매출액 1억 8,000만 원	매출액 3억 3,000만 원
지출 상품매입액 1억 8,000만 원 점포 임대료 1,800만 원 광고선전비 450만 원 기계장치 및 비품 4,500만 원 인건비 9,000만 원	비용 매출원가 1억 8,000만 원 점포 임대료 1,800만 원 광고선전비 450만 원 급여수당 9,000만 원
잔액 3,750만 원	이익 3,750만 원

재무상태표(자산잔액일람표)	
자산 항목	부채 항목
현금 3,750만 원 외상매출금 1억 5,000만 원 기계장치 및 비품 4,500만 원	외상매입금 0원 차입금 1억 5,000만 원
	자본 항목
	자본금 4,500만 원 이익잉여금 3,750만 원
자산 합계 2억 3,250만 원	부채 · 자본 합계 2억 3,250만 원

내 손으로 직접 작성해 보자

(차입금 상환)

회알못 - 이제 은행에서 빌린 돈 3,000만 원을 갚을 차례입니다. 이자는 총 150만 원입니다. 이건 회계처리를 어떻게 하나요?

택스코디 - 차입금 상환은 차입금 원금과 이자 부분을 나눠서 생각해야 합니다.

차입금의 원금은 손익계산서에 영향을 주지 않습니다. (3,000만 원을 빌렸을 때 손익계산서에 영향을 주지 않았다는 거와 같은 원리입니다) 그러나 이자는 차입금이 아닙니다. 회사는 3,000만 원을 빌려서 영업활동을 했고, 이자는 차입금에 대한 비용이므로 손익계산서에 비용으로 계상됩니다. 또 은행에 갚아야 할 현금은 원금 3,000만 원 하고 이자 150만 원을 합쳐 3,150만 원입니다.

먼저 현금출납장에는 원금 상환이 3,000만 원이고 지급한 이자가 150만 원이라는 것을 알 수 있게 따로 기록합니다. 원금 상환은 손익계산서에 영향을 주지 않고 손익계산서에 나타나는 것은 지급한 이자 150만 원뿐입니다. 따라서 이익이 3,750만 원에서 3,600만 원으로 줄게 됩니다. 재무상태표 대변의 이익잉여금도 마찬가지로 3,600만 원으로 150만 원이 줄어듭니다. 여기에 차입금은 1억 5천만 원에서 3,000만 원을 상환했으니 1억 2천만 원이 됩니다.

그러므로 재무상태표 대변은 합쳐서 3,150만 원이 줄어들게 됩니다. 차변은 원금 3,000만 원과 이자 150만 원을 더해 3,150만 원을 지급했으니 현금이 3,750만 원에서 600만 원이 되었습니다. 이것으로 재무상태표 좌우는 모두 3,150만 원이 줄었습니다. 정리하면 다음 표와 같습니다.

현금출납장 (현금의 출입을 나타내는 표)	손익계산서 (올바른 이익을 계산하는 표)
수입 자본금 4,500만 원 차입금 1억 5,000만 원 매출액 1억 8,000만 원	매출액 3억 3,000만 원
지출 상품매입액 1억 8,000만 원 점포 임대료 1,800만 원 광고선전비 450만 원 기계장치 및 비품 4,500만 원 차입금 상환 3,000만 원 인건비 9,000만 원 이자지급 150만 원	비용 매출원가 1억 8,000만 원 점포 임대료 1,800만 원 광고선전비 450만 원 급여수당 9,000만 원 지급이자 150만 원
잔액 600만 원	이익 3,600만 원

재무상태표(자산잔액일람표)	
자산 항목	부채 항목
현금 600만 원 외상매출금 1억 5,000만 원 기계장치 및 비품 4,500만 원	외상매입금 0원 차입금 1억 2,000만 원
	자본 항목
	자본금 4,500만 원 이익잉여금 3,600만 원
자산 합계 2억 100만 원	부채 · 자본 합계 2억 100만 원

PART 06

알아두면 쓸모 있는
재무제표 작성하기
(결산)

내 손으로 직접 작성해 보자
(감가상각의 이해)

회사는 1사업연도(보통 1년)의 영업활동을 결산서라는 형태로 보고합니다. 기말에는 결산해서 그 기의 올바른 이익을 계산하고 세금도 계산해야 합니다.

그러기 위해서는 먼저 감가상각의 개념부터 먼저 이해를 해야 합니다. 그 기에 전부 사용해 버리는 것과 장기간에 걸쳐 사용하는 것은 회계상 취급이 다릅니다.

그 기의 올바른 이익을 계산하는 표를 손익계산서라고 했습니다. 그렇다면 기계장치 및 설비비용(장기간에 걸쳐 사용하는 비용)을 당기에 전부 계상하는 것은 옳지 않습니다. 기계장치 및 설비비용 4,500만 원을 당기에 지급한 것은 틀림없지만, 손익계산서 비용으로 계상할 때는 사용하는 기간으로 나눠서 계상합니다. 내용연

수 (비유동자산의 이용 가능 연수)가 6년이라면 매년 750만 원(4,500만 원 ÷ 6)씩 계상하는 것입니다.

회알못 - 그럼 기계장치 및 설비비용 같은 내용연수는 누가 정하는 건가요?

택스코디 - 회계 관점에서는 실제 사용하는 기간을 정하면 됩니다. 그런데 여기에 세법이 영향을 주는 때도 있습니다.

세법의 첫 번째 목적은 세금을 공평하게 징수하는 것인데, 똑같은 기계의 사용 기간을 회사마다 다르게 정하면 세금을 공평하게 징수할 수 없겠죠. 그래서 세금 계산을 할 때의 내용연수는 법정 내용연수를 사용하도록 의무화되어 있습니다. 실무적으로 중소기업 등에서는 회계에서도 세법의 내용연수를 사용해 감가상각비를 계산하는 곳이 많습니다. (여기에서는 편의상 내용연수를 6년으로 가정하겠습니다.)

먼저 감가상각비를 계상한다고 해서 현금흐름이 발생하는 것은 아니므로 현금출납장에는 아무 변화가 없습니다. 기계장치 및 설비비용은 매입했을 때 이미 기계장치 및 비품비로 4,500만 원을 계상했죠.

다음 손익계산서의 감가상각비에는 750만 원을 계상합니다. 즉 이것은 기계장치 및 설비비용의 1년분 비용인 거죠. 이것으로 이익이 750만 원 줄어들었으므로 재무상태표 대변에 있는 이익잉여금도 750만 원 줄어들겠죠? 재무상태표 차변을 보면 현금은 빠져나가지 않았으니 변화가 없습니다. 변화가 있는 것은 기계장치 및 부품 부분입니다. 원래 가치는 4,500만 원이었는데, 당기에 750만 원어치의 가치를 썼으므로, 기말의 가치는 3,750만 원이 되는 것입니다. (이것이 감가상각의 개념입니다) 다음 표와 같습니다.

앞서 말한 외상매출, 외상매입 같은 외상거래와 감가상각비를 이해하면 복식부기의 어려운 부분은 거의 다 이해했다고 보면 됩

현금출납장 (현금의 출입을 나타내는 표)	손익계산서 (올바른 이익을 계산하는 표)
수입 자본금 4,500만 원 차입금 1억 5,000만 원 매출액 1억 8,000만 원	매출액 3억 3,000만 원
지출 상품매입액 1억 8,000만 원 점포 임대료 1,800만 원 광고선전비 450만 원 기계장치 및 비품 4,500만 원 차입금 상환 3,000만 원 인건비 9,000만 원 이자지급 150만 원	비용 매출원가 1억 8,000만 원 점포 임대료 1,800만 원 광고선전비 450만 원 감가상각비 750만 원 급여수당 9,000만 원 지급이자 150만 원
잔액 600만 원	이익 2,850만 원

재무상태표(자산잔액일람표)	
자산 항목	부채 항목
현금 600만 원 외상매출금 1억 5,000만 원 기계장치 및 비품 3,750만 원	외상매입금 0원 차입금 1억 2,000만 원
	자본 항목
	자본금 4,500만 원 이익잉여금 2,850만 원
자산 합계 1억 9,350만 원	부채·자본 합계 1억 9,350만 원

니다. 현금출납장과 복식부기의 큰 차이점 중 하나가 복식부기의 경우 현금흐름이 없는 거래를 기록한다는 점입니다.

회알못 - 왜 현금흐름이 없는 거래를 기록하나요?

택스코디 – 그건 사업연도(보통 1년)라는 일정 기간의 이익을 보고해야 하기 때문입니다. 만약 사업연도라는 일정 기간 없이 장기적으로 생각하면 매출과 비용, 이익의 움직임은 현금흐름과 일치하게 됩니다. 외상매출금이나 외상매입금도 언젠가는 현금으로 들어오거나 빠져나갈 것이고 감가상각 같은 것은 생각할 필요도 없겠죠.

내 손으로 직접 작성해 보자
(재고조사)

자, 이제는 재고를 조사해 계상할 차례입니다. 재고를 파악하니 총 1,500만 원치가 있습니다. 그럼 회사의 올바른 당기 매출원가는 얼마일까요?

당기매입액은 현금매입이 9,000만 원에 외상매입이 9,000만 원이므로 합치면 1억 8,000만 원입니다. 하지만 재고가 1,500만 원어치 남아있습니다. 그렇다면 당기에 3억 3,000만 원의 매출을 올리는 데 사용한 올바른 원가는 얼마일까요? 다음 표를 보면 이해가 쉬울 것입니다.

기초상품재고액 0원	매출원가 ?
당기상품매입액 1억 8,000만 원	기말상품재고액 1,500만 원

기초상품재고액은 회사 설립 첫해이므로 0이고, 당기상품매입액은 현금매입 9,000만 원과 외상매입 9,000만 원이므로 1억 8,000만 원입니다. 기말상품재고액이 1,500만 원이니 당기의 올바른 원가는 1억 6,500만 원이 됩니다.

당기에 1억 6,500만 원의 상품을 판매해 3억 3,000만 원의 매출을 올린 거죠. 그럼 재고를 계상해 당기의 올바른 매출원가를 계산해 봅시다.

먼저 현금출납장부터 봅시다. 재고를 확인했다고 해서 현금이 움직이지는 않죠. 그러므로 현금출납장에는 아무 변화가 없습니다. 그런데 손익계산서에는 매출원가 부분을 수정해야 합니다. 설립 초년도라 기초상품재고액은 0, 당기상품매입액은 1억 8,000만 원(현금매입 9,000만 원 + 외상매입 9,000만 원), 기말상품재고액이 1,500만 원이므로 당기의 올바른 원가는 차감액 부분에 적힌 1억 6,500만 원입니다. 그리고 원가가 1억 6,500만 원인 상품을 사용해서 매출을 3억 3,000만 원 올렸다는 것이 손익계산서에 나타나 있습니다. 재고를 1,500만 원 인식함으로써 원가가 1,500만 원 줄어드니 이익은 2,850만 원에서 4,350만 원으로 1,500만 원이 늘어납니다. 이 이익이 재무상태표 이익잉여금과 연동되니 재무상태표 대변도 1,500만 원 증가합니다. 재무상태표의 차변에는 재고자산에 1,500만 원을 계상합니다. (당기 말에 재고조사를 함으로써 1,500만 원의 재고자산이 있음을 회계상 인식한 것입니다.) 다음 표와 같습니다.

현금출납장 (현금의 출입을 나타내는 표)	손익계산서 (올바른 이익을 계산하는 표)
수입 자본금 4,500만 원 차입금 1억 5,000만 원 매출액 1억 8,000만 원	매출액 3억 3,000만 원
지출 상품매입액 1억 8,000만 원 점포 임대료 1,800만 원 광고선전비 450만 원 기계장치 및 비품 4,500만 원 차입금 상환 3,000만 원 인건비 9,000만 원 이자지급 150만 원	비용 매출원가 　기초상품재고액 0원 　당기상품매입액 1억 8,000만 원 　기말상품재고액 1,500만 원 　차감액 1억 6,500만 원 점포 임대료 1,800만 원 광고선전비 450만 원 감가상각비 750만 원 급여수당 9,000만 원 지급이자 150만 원
잔액 600만 원	이익 4,350만 원

재무상태표(자산잔액일람표)	
자산 항목	부채 항목
현금 600만 원 외상매출금 1억 5,000만 원 재고자산 1,500만 원 기계장치 및 비품 3,750만 원	외상매입금 0원 차입금 1억 2,000만 원
	자본 항목
	자본금 4,500만 원 이익잉여금 4,350만 원
자산 합계 2억 850만 원	부채·자본 합계 2억 850만 원

내 손으로 직접 작성해 보자
(세금)

회알못 – 아무리 가정이지만, 세금이 1,350만 원이나 나오면 세금 낼 돈이 없습니다. 이 시점에 현금 잔액이 600만 원밖에 없습니다.

택스코디 – 다시 강조하지만, 손익계산서는 현금흐름을 나타내는 표가 아닙니다. 이익이 났다고 해서 당장 수중에 현금이 있는 것은 아닙니다. 계속 기록하고 있는 표에서도 현금출납장의 잔액과 손익계산서의 이익이 일치한 적은 없었죠. 현금출납장은 현금흐름을 나타내는 표이고, 손익계산서는 올바른 이익을 계산하는 표입니다.

이제 장부에 세금을 계상해 봅시다. 참고로 세금을 계산할 때는 이익에서 세율을 곱하는 것이 아니라, 먼저 과세표준을 계산해 그 과세표준에 세율을 곱해 세액을 계산합니다. 세율은 개인사업자 6~45%, 법인사업자 9~24%가 적용됩니다. 지금은 계산 편의상

계산된 세금이 1,350만 원이라 가정합니다.

기말에 자신의 회사가 세금을 낼 만큼의 현금이 있는지 없는지 인식하는 것은 중요한 일입니다. 또 너무 걱정할 필요는 없습니다. 그 기의 세금은 사업연도 종료일부터 3개월 이내(개인사업자는 매년 5월달)에만 내면 되기 때문입니다. 또 회알못 씨 회사는 다음 달 외상매출금 1억 5천만 원도 회수가 됩니다. 그렇죠?

그럼 세금을 계상해 봅시다. 당기의 세금은 당기 중에 내지 않으므로 당기의 현금출납장에는 아무런 변화가 없습니다. 그런데 손익계산서에는 당기의 세액을 계상합니다. 따라서 이익이 4,350만 원에서 3,000만 원으로 줄어듭니다. 이 영향으로 재무상태표의 자본 항목에 있는 이익잉여금도 1,350만 원 줄어듭니다. 다만 재무상태표 차변은 당기에 당기의 세금을 납부하지 않으니까 아무런 변화가 없습니다. 그렇다면 어디가 변화할까요? 바로 재무상태표 대변의 '미지급 법인세 등'입니다. 회사는 세금 1,350만 원을 지급할 의무가 있다는 것을 여기에 표시하면 당기가 끝나는 것입니다. 다음 표를 봅시다.

현금출납장 (현금의 출입을 나타내는 표)	손익계산서 (올바른 이익을 계산하는 표)
수입 자본금 4,500만 원 차입금 1억 5,000만 원 매출액 1억 8,000만 원	매출액 3억 3,000만 원
지출 상품매입액 1억 8,000만 원 점포 임대료 1,800만 원 광고선전비 450만 원 기계장치 및 비품 4,500만 원 차입금 상환 3,000만 원 인건비 9,000만 원 이자지급 150만 원	비용 매출원가 　기초상품재고액 0원 　당기상품매입액 1억 8,000만 원 　기말상품재고액 1,500만 원 　차감액 1억 6,500만 원 점포 임대료 1,800만 원 광고선전비 450만 원 감가상각비 750만 원 급여수당 9,000만 원 지급이자 150만 원 법인세 등 1,350만 원
잔액 600만 원	이익 3,000만 원

재무상태표(자산잔액일람표)	
자산 항목	부채 항목
현금 600만 원 외상매출금 1억 5,000만 원 재고자산 1,500만 원 기계장치 및 비품 3,750만 원	외상매입금 0원 차입금 1억 2,000만 원 미지급 법인세 등 1,350만 원
	자본 항목
	자본금 4,500만 원 이익잉여금 3,000만 원
자산 합계 2억 850만 원	부채 · 자본 합계 2억 850만 원

내 손으로 직접 작성해 보자
(기업이 만드는 현금출납장)

앞에서 계속해 현금출납장을 사용해 현금의 출입을 보면서 손익계산서와 재무상태표를 설명했습니다. 이처럼 손익계산서와 재무상태표를 현금의 출입과 함께 이해하는 것은 매우 중요합니다. 이를 통해 손익계산서가 현금흐름을 나타내는 표가 아니라 올바른 이익을 계산하는 표이고 재무상태표가 자산잔액알림표라는 것, 투자나 대출금 유입으로 돈이 움직이면 현금출납장은 변화하지만, 손익계산서에는 아무런 영향도 없다는 것 등을 이해했을 것입니다.

이제 한 가지를 더 배워 봅시다. 기업이 만드는 현금출납장은 현금흐름표라고 부릅니다. 이것은 우리가 익숙한 수입, 지출, 잔액으로 분류한 표와는 형태가 다릅니다. 물론 현금흐름표가 현금의 출입을 나타내는 현금출납장에는 틀림이 없지만, 현금흐름표는 수입과 지출, 잔액이 아니라 영업활동현금흐름과 투자활동현금흐름, 재무활동현금흐름이라는 세 가지 칸으로 나눠 있습니다.

돈을 모은다	→ 투자한다	→ 이익을 발생시킨다
재무활동현금흐름	투자활동현금흐름	영업활동현금흐름

영업활동현금흐름은 영업수입이나 상품매입액 지출처럼 영업활동과 관련된 현금의 출입을, 투자활동현금흐름은 유가증권이나 비유동자산의 취득 혹은 매각 같은 투자활동과 관련된 현금의 출입을 그리고 재무활동현금흐름이란 차입이나 상환 등 재무활동과 관련된 현금의 출입을 말합니다.

또 현금흐름표의 플러스, 마이너스 표기는 현금출납장이나 손익계산서와는 다릅니다. 현금흐름표는 현금이 회사에 들어오면 플러스, 빠져나가면 마이너스 기호를 붙여 기록합니다.

회사에서 가장 중요한 핵심은 현금입니다. 장기적으로 보면 아무리 매출이 크더라도, 현금흐름이 이를 뒷받침하지 못하면 그 회사의 미래는 없습니다.

우리가 평소에 보는 손익계산서상의 실적은 실제 현금흐름과는 큰 차이를 보입니다. 이론적으로 손익계산서는 발생주의에 따라 만들어지고, 현금흐름표는 현금주의에 따라 만들어지기 때문입니다.

모든 상장사 또는 회계감사를 받는 회사는 현금흐름표를 만듭니다. 그리고 이것을 경영을 위한 의사결정에 활용합니다. 하지만 90% 이상의 중소기업은 현금흐름표를 작성하지 않습니다. 아마도 법인세 신고에 필요한 필수 첨부 서류가 아니므로 수십 년간 자연스럽게 기록에서 빠진 것입니다. 그리고 작성하는 데 약간의 어려움이 있기 때문인 듯합니다.

회알못 - 그러면 중소기업에는 현금흐름표가 필요 없는가요?

택스코디 - 절대 그렇지 않습니다. 사업의 규모만 차이가 있을 뿐 대기업처럼 중소기업도 현금흐름표를 반드시 작성하고 이용해야 합니다. 회계감사를 받지 않는 회사는 현금흐름표 양식에 연연할 필요도 없습니다. 자신의 사업에 맞는 양식을 만들어서 꾸준히 관리하면 됩니다. 다음은 중소기업용으로 간단히 만든 한 달간의 현금흐름표 양식입니다.

현금흐름표 참고 양식 (단위: 원)

0. 기초 현금		1,000,000
1. 영업활동 현금흐름		1,000,000
1-1 매출로 인한 입금	3,000,000	
1-2 매입으로 인한 출금	(1,500,000)	
1-3 종업원 급여	(300,000)	
1-4 세금 납부	(100,000)	
1-5 기타	(100,000)	
2. 투자활동 현금흐름		(200,000)
2-1 유·무형자산 구입	(400,000)	
2-2 유·무형자산 매각	200,000	
3. 재무활동 현금흐름		400,000
3-1 유상증자	200,000	
3-2 차입금 증가	200,000	
4. 기말 현금		2,200,000

작성은 1, 2, 3 순서로 했지만, 해석은 역순으로 해봅시다. 회사가 자금이 필요해서 20만 원만큼 유상증자를 추진해 주주에게 투자를 받고, 추가로 은행에서 20만 원을 빌렸습니다. (재무활동 현금흐름으로 40만 원 유입)

알아두면 쓸모 있는 **회계 상식 사전**

그리고 그 돈으로 기계장치 등의 유형과 무형자산을 40만 원 치 구매했고, 기존 기계는 20만 원에 매각했습니다. (투자활동 현금 흐름으로 20만 원 유출)

구매한 기계로 열심히 사업해 매출은 300만 원 발생했고 동시에 매입, 인건비 등 각종 비용이 200만 원 발생했습니다. (영업활동 현금흐름으로 100만 원 유입)

따라서 이번 달 영업, 투자, 재무활동으로 인한 현금은 총 120만 원 유입되었으며, 월초의 현금 잔액 100만 원을 더해 월말에는 잔액이 220만 원이 됩니다.

사실 현금흐름표는 실제 돈의 흐름 그 자체이므로 재무제표 중에서 가장 쉽게 이해해야 합니다. 하지만 실무에서는 손익계산서에 익숙해져 있으므로 현금흐름표라고 하면 거부감부터 느끼는 사람이 많죠.

절대로 현금흐름표 양식에 얽매이지는 맙시다. 그저 현금의 입금과 출금에 대한 부분의 합을 각 항목별로 정리한다고 생각하면, 그 어떤 회계지식 없이도 누구나 쉽게 만들 수 있는 것이 바로 현금흐름표입니다.

PART 07

알아두면 쓸모 있는
관리회계 이해하기

당신의 경영 도구에 회계를 장착하자

고객 편에서 재무제표를 보는 것이 회계의 핵심입니다. 세무대리인이 작성한 재무제표를 사장님이 볼 줄 알아야 합니다.

회계 정보는 재무제표라는 양식으로 표현되는데 재무상태표와 손익계산서가 대표적인 양식입니다. 먼저 재무상태표는 회사의 재무상태를 알려줍니다. 그리고 손익계산서는 회사의 경영성과가 어느 정도인지를 알려줍니다. 이러한 재무제표는 철저히 고객(각 이해관계자)에게 재무상태와 경영성과를 어떻게 하면 잘 보여줄까의 관점에서 작성되어야 합니다. 그래야 회계의 본래의 목적인 소통의 도구가 되는 것입니다. 숫자로 표현된 비즈니스 언어, 회계를 통해 합리적인 선택을 할 수 있고 때로는 중요한 의사결정을 내리기도 합니다.

올해 매출은 얼마이고, 내년 예상 매출은 얼마를 책정할까? 그에 따른 비용은 매출액의 몇%로 산정할까? 손익계산서와 관련된 내용입니다. 당연히 많은 가정과 추정이 내포될 수밖에 없습니다. 가정을 세우고 시뮬레이션을 해서 원하는 답을 찾아가야 합니다.

회계는 재무회계, 관리회계, 세무회계로 분류됩니다. 그런데 개인사업자의 회계는 세무회계만을 머리에 떠올립니다. 회계는 세금 신고가 목적이 될 수 없습니다.

왜 장부를 적어야 할까요? 장부를 기록하는 이유는 세금신고 때문이 아니라 돈을 잘 벌고 있는가를 알기 위해서입니다. 돈을 버는 회계, 관리회계에 관심을 가져야 합니다.

스티브 발머(MS 최초의 사장)는 은퇴 후 스타트업을 시작하는 사람들에게 세 가지 조언을 하였습니다. 첫째는 리더쉽의 구현, 둘째는 인재 선발의 중요성, 마지막으로 셋째는 관리회계의 중요성이었습니다

- 올해 사업으로 얼마를 벌었을까?
- 매출을 2배로 키우기 위해서 어떤 부분을 보완해야 할까?
- 매출이 2배가 된다면 실제 이익은 얼마나 될까?

회계는 바로 위와 같은 질문에 답을 하기 위해서 탄생한 것입

알아두면 쓸모 있는 **회계 상식 사전**

니다. 회계는 비즈니스 언어라고도 합니다. 따라서 회계를 배우면 경영을 더 쉽게 알 수 있습니다.

사업을 여러 가지 방법으로 바라볼 수 있습니다. 가장 쉬운 방법은 직감만으로 아는 것입니다. 자신이 타고난 사업가이거나 사업가 집안에서 태어나 자연스럽게 사업에 필요한 지식을 체득했다면 사업을 직감만으로 바라봐도 됩니다. 대부분 자신의 직감과 실제에 큰 차이가 없을 것입니다. (실제로 재무제표를 보지 않고도 회사 실적을 동물적으로 파악하는 사업주들이 있습니다.)

하지만 안타깝게도 대부분 사람은 깜깜이 경영이라는 사업의 어두운 터널에서 헤어나지 못합니다. 매일매일 열심히 일했는데도 집에 가져갈 돈이 없는 경우도 많습니다. 더 절망적인 점은 왜 그런 일이 일어나는지 이유를 모를 때입니다. 내 사업체를 아무리 이해해보려 해도 어디서부터 어떻게 시작해야 하는지 감도 오지 않죠. 더 열심히 보려 할수록 더 뿌옇게만 보입니다.

이럴 때 필요한 게, 바로 회계입니다. 자신의 사업을 객관적으로 바라볼 수 있게 만들 수 있는 최소한의 회계지식만 익히면 됩니다. 회계학은 공부의 범위가 상당히 넓지만, 사업주에게 필요한 회계지식은 배울 게 그리 많지 않습니다. 가성비 최고인 공부가 될 것입니다. 당신의 경영 도구에 회계를 장착합시다. 아마도 어마 무시한 무기가 될 것입니다.

매출을 2배로 늘리는 가장 쉬운 방법은?

회계는 매출부터 출발합니다. '매출이 얼마이고 비용은 얼마이므로 최종 이익은 이렇게 된다'라는 시나리오가 회계의 일반적인 흐름입니다.

그럼 회계의 첫 단추인 매출은 어떻게 발생하고, 매출의 이전 단계에서는 어떤 일들이 벌어지고 있을까요? 어떤 사람은 매출이 전년 대비 수십 배 증가했다고 합니다. 그 이유는 무엇일까요? 다른 이는 사업을 시작하고도 매출이 없어 늘 울상입니다. 그 이유는 또 무엇일까요? 물론 제조, 도·소매, 서비스업 등 업종에 따라 매출을 만드는 형태는 다를 것입니다. 하지만 매출을 발생시키는 본질적인 요소는 모든 사업이 같습니다. 매출이라는 덩어리를 잘게 쪼개 볼 수 있는 능력은 사업자의 필수 지침입니다.

기업생멸행정통계 보고서(통계청이 매년 발표)에 따르면 신생기업 10곳 중 7곳은 5년 안에 폐업합니다. 왜 이런 일이 벌어질까요? 사업이 망하는 이유는 100가지도 넘겠지만, 그중에서 오랜 기간 창업을 착실하게 준비한 사람일수록 많이 하는 대표적인 실수이자 착각이 하나 있습니다.

"제품이나 서비스가 좋으면, 저절로 고객은 찾아올 거야!"

하지만 아무리 제품이나 서비스가 좋아도 고객이 없으면 끝이라는 사실을 머지않아 깨닫습니다. 그리고 고객은 결코 저절로 찾아오지 않는다는 사실을 말이죠. 세상에서 가장 맛있는 커피를 만들어도 고객은 절대로 그냥 찾아오지 않습니다. 내가 만든 커피가 스타벅스 커피보다 10배나 뛰어나더라도, 내 카페에는 파리가 날리고 스타벅스에는 앉을 자리가 없습니다.

매출이 없으면 사업은 망합니다. 매출을 만드는 방법을 모르고서 절대 사업을 시작해서는 안 됩니다.

회알못 - 그럼 어떻게 해야 그 중요한 매출이라는 것을 만들 수 있나요?

택스코디 - 관련된 책이 아마도 수백 권은 있을 겁니다. 그만큼 어렵기도 하고 중요하다는 뜻입니다.

매출에 관한 일반적인 이야기는 다른 책에 맡기고, 최소한의 회계지식을 다루고 있는 여기에서는 매출의 구성 요소들을 숫자 측면에서 살펴봅시다. 이를 통해 매출이 높게 발생하기 위해서는 어떤 요소들이 결합 되어야 하는지를 알 수 있을 것입니다. 무슨 사업이든 매출이 발생하기 위해서는 크게 네 가지 선행 단계가 필요합니다. 이 중에서 하나라도 소홀히 해서는 안 됩니다. 매출을 만드는 공식은 다음과 같습니다.

- 매출 = 수량 × 가격

- 수량 = 트래픽 × 전환율

- 매출 = 수량 (트래픽 × 전환율) × 가격

한마디로 매출을 말하면 '수량과 가격을 곱한 값'이고, 여기서 수량은 '트래픽과 전환율을 곱한 값'입니다. 따라서 매출을 증가시키려면 트래픽, 전환율, 수량, 가격 이 네 가지 요소 중 하나를 반드시 증가시켜야 합니다. 그렇다면 이 중에서 매출을 2배로 증가시키는 가장 쉬운 방법은 무엇일까요?

회알못 - 그냥 가격을 2배로 올리면 되지 않을까요?

택스코디 - 그렇게 하면 찾아오는 손님(수량)이 확 줄어들지 않을까요?

실무에서는 이처럼 트래픽, 전환율, 수량, 가격 중 한 가지만을 급격히 증가시키기는 힘듭니다. 그렇게 할 수만 있다면 정말 좋겠지만, 모든 것이 다 상향 평준화되어 있는 현대사회에서는 자신만 그렇게 특출나기란 거의 불가능합니다.

회알못 - 그럼 어떻게 하면 되나요?

택스코디 - 다음과 같이 접근해봅시다.

- 트래픽을 20% 늘리기 위해서 무엇을 할 수 있을까?
- 전환율을 20% 늘리기 위해서 무엇을 할 수 있을까?
- 수량을 20% 늘리기 위해서 무엇을 할 수 있을까?
- 가격을 20% 늘리기 위해서 무엇을 할 수 있을까?

가령 트래픽, 전환율, 수량, 가격 각각을 20% 증가시킨다면, 매출은 몇 배나 늘어날까요? 20%가 4개이므로 80% 정도 증가할까요? 그렇지 않습니다. 네 가지 요소의 개선 효과가 복리로 적용한다면 매출의 증가율은 다음과 같습니다.

- $1.2 \times 1.2 \times 1.2 \times 1.2 = 2.0736$

어떤가요, 2배가 넘습니다. 매출을 2배로 만드는 가장 쉬운 방법은 트래픽, 전환율, 수량, 가격 모두를 20%씩 증가시키는 것입니다. 물론 실무에서는 이렇게 수식으로 정확하게 계산하기는 어려울 것입니다. 하지만 매출이 줄었다고 한숨부터 쉬지 말고, 이네 가지 요소들을 하나씩 떠올려봅시다. 그리고 그것들을 늘리기위해 조금이라도 개선할 부분은 없는지, 무심코 놓치고 있었던 것은 없는지 확인합시다. 의외로 20%는 쉽게 달성할 수 있을지도 모릅니다.

반드시 이 두 개념을
구분해야 한다

회알못 - 홈페이지에 접속한 방문자 수가 훨씬 늘어났습니다. 광고 효과가 있나 봅니다. 그러나 매출이 발생하지 않습니다. 왜 이럴까요?

택스코디 - 매장 혹은 웹사이트에 방문하는 고객의 수 (트래픽)는 나쁘지 않은데, 매출이 발생하지 않는 이유는 바로 전환율이 낮기 때문입니다.

　매장에 들어와서 대충 둘러보다가 가격만 물어보고 나가는 고객, 심지어 매장에 들어와서 가격조차 확인하지 않는 고객, 그리고 웹사이트의 첫 페이지만 보고 이탈하는 고객, 또 웹사이트를 구석구석 확인하고도 아무런 문의를 남기지 않는 고객 등, 모두 트래픽은 일어났는데 전환이 안 된 사례입니다.

　이럴 때는 전환율을 꼭 개선해야 합니다. 그러지 않으면 결국 매출은 발생하지 않습니다. 다음 공식에서 확인할 수 있듯이, 매출은 수많은 트래픽과 전환율을 곱한 값이므로, 트래픽이 수백만이더라도 전환율이 0이면 수량은 0이 될 수밖에 없습니다. 결국에는 매출도 0이 됩니다.

- 트래픽 × 전환율 = 수량

많은 사업자가 트래픽과 전환율을 구분하지 않습니다. 가장 흔한 실수가 매출이 떨어지면 바로 검색 광고의 순위를 더 높이는 방식으로 광고비를 추가 집행합니다. 그러면 트래픽은 더 발생하지만, 어차피 전환이 안 되므로 매출에 큰 도움이 되지 않습니다. 전형적인 '밑 빠진 독에 물 붓기' 전략입니다.

마케팅 전략을 세울 때는 반드시 이 두 개념을 구분해야 합니다. 지금 개선하고 싶은 것이 트래픽의 영역인지, 전환율의 영역인지를 반드시 구분해야만 불필요한 시행착오를 줄일 수 있습니다.

회알못 - 그럼 전환율을 개선할 좋은 방법은 무엇인가요?

택스코디 - 다음은 전환율을 개선하기 위해 체크해야 하는 내용입니다.

1. 방문자를 한눈에 사로잡는 킬러 문구가 있는가?

2. 마케팅 문구는 간결한가?

3. 방문자에게 신뢰를 주는 고객 후기가 있는가?

4. 방문자에게 당장 도움이 될 만한 자료는 준비되어 있는가?

5. 홈페이지는 여러 기기에서 잘 보이는가?

6. 홈페이지의 구성 및 디자인을 계속 수정 및 업그레이드하고 있는가?

7. 수준 높은 콘텐츠를 정기적으로 업데이트하고 있는가?

홈페이지를 만들고 나면 트래픽도 중요하지만, 전환율 또한 매우 신경 써야 합니다. 이제 당신의 홈페이지에 들어가 앞의 7가지 사항을 하나씩 점검합시다. 의외로 매우 중요한 한두 가지를 놓치고 있는 경우가 많습니다. 그것만 개선해도 매출은 금방 늘 수 있습니다. 그리고 혹시 사업용 홈페이지가 없다면 당장 만듭시다. 이것은 마케팅의 기본입니다.

전환율 개선 작업이 매력적인 이유는 크게 원가(비용)가 들지 않는다는 점입니다. 트래픽을 증가하는 데는 생각보다 많은 돈이 나갑니다. 각종 광고비용을 생각해 보면 알 수 있습니다. 하지만 전환율 증가 작업에는 큰돈이 나갈 게 없습니다. 지속적인 관심과

연구가 답입니다. 적은 원가로 매출을 증가시킬 수 있으므로 결국 이익률을 크게 개선할 것입니다.

메뉴를 줄여야 해요

"메뉴부터 줄여야 합니다."

'골목 식당'이라는 TV 프로그램에서 백종원 대표가 늘 음식점 사장들에게 하는 말입니다. 왜 메뉴를 줄여야 할까요? 그것은 사업의 목표로 삼는 대상을 먼저 만들라는 뜻입니다. 하지만 많은 사장이 이 조언을 받아들이기 힘들어합니다. 목표를 정해 전문화함으로써 포기해야 하는 시장이 너무 아깝게 느껴지기 때문입니다. 기존 고객이 일부 떨어져 나가더라도 반드시 자신이 목표로 삼을 고객을 명확히 정해야 합니다. 역설적이지만 목표로 하는 고객층을 송곳처럼 최대한 뾰족하게 하면 할수록 사업 성공 확률은 높아집니다. 다음 질문을 살펴봅시다.

'당신은 아이를 어느 미술학원에 보내겠는가?'

1. 어린이, 입시, 성인·취미 모두 가능한 미술학원

2. 유아와 초등 저학년을 대상으로 하는 유아 전문 미술학원

3. 대한민국 8~13세 여자아이만을 위한 미술교육연구소

타깃을 좁혀야 합니다. '모든 걸 다 잘해요'라는 말은 '나는 전문 분야가 없는 사람이에요.' 라는 말과 똑같다는 것을 명심해야 합니다. 손님이 줄을 서는 맛집은 전문 메뉴가 따로 있습니다.

타깃이 정해지면 그다음은 어떤 메시지를 전달할지 정해야 합니다. 그 메시지에는 반드시 자신이 '왜' 고객의 문제를 해결해줄 수 있는 최고 적임자인지가 담겨 있어야 합니다.

"왜 나를 선택해야 하는가?"

다음 질문들로 내 제품과 서비스가 왜 경쟁사들보다 뛰어난지, 고객들은 왜 내 제품과 서비스를 선택하는지를 정리하다 보면 어느 정도 마케팅 메시지의 윤곽이 잡힐 것입니다.

• 제품·서비스가 다른 유사한 그것들과 무엇이 다른가?

- 제품·서비스의 어떤 부분이 경쟁사의 것보다 월등히 뛰어난가?
- 기존 고객들이 나의 제품·서비스를 선택하는 가장 핵심적인 이유는 무엇인가?

이를 좀 더 구체적으로 바꿔봅시다.

(내가 정한 시장에서) 제품·서비스가 다른 유사한 그것들과 무엇이 다른가?

(내가 정한 시장에서) 제품·서비스의 어떤 부분이 경쟁사의 것보다 월등히 뛰어난가?

(내가 정한 시장에서) 기존 고객들이 나의 제품·서비스를 선택하는 가장 핵심적인 이유는 무엇인가?

다시 강조하자면, 효과적인 메시지 작성을 위해서는 반드시 자신이 집중하는 시장이 먼저 정해져야 합니다. 그러지 않으면 메시지는 모호해질 수밖에 없고, 세상에 신기하고 재미난 것이 많은 요즘 모호한 메시지에 반응하는 고객은 거의 없습니다.

실제로 마케팅 메시지를 잘 만들어내기는 생각보다 쉽지 않습니다. 저는 홈쇼핑에서 답을 찾곤 합니다. 약 30분 정도 홈쇼핑 쇼호스트가 고객을 설득하는 과정을 살펴보면, 그것은 하나의 과학임을 알 수 있습니다. 수많은 행동심리학 이론의 결정체를 보는 것 같습니다. 많은 홈쇼핑을 보다 보면 세 가지의 공통적인 메시지 형태를 발견할 수 있습니다. 다음과 같습니다.

1. 단숨에 눈길을 끄는 한 방 메시지

"좋은 잠이 좋은 아침을 만듭니다." 어느 온수매트 홈쇼핑 홈페이지 광고 문구입니다. 이처럼 고객의 눈길을 끌 수 있는 한 방 있는 메시지가 필요합니다.

2. 고객을 설득하는 스토리

고객이 구매를 결정할 때는 이성보다는 감성이 작동하는 경우가 많습니다. 사람들은 자신이 똑똑해서 구매했다고 착각하지만, 실제로 되돌아보면 그냥 사고 싶은 마음이 들어서 산 경우가 대부분입니다. 온수매트를 부모님께 선물해드렸을 때 좋아하시는 모습을 상상해보면, 어느덧 우리는 온수매트를 결제하고 있을지 모릅니다. 물건을 잘 파는 모든 영업자는 자신만의 스토리가 있습니다.

3. 거부하지 못하는 마지막 제안

마지막에 어김없이 등장하는 말, 지금 구매하면 이것도 주고 저

것도 준다는 식의 제안이 마치 선물 폭탄처럼 쏟아집니다. 자신의 사업에도 이러한 메시지를 만들어야 합니다. 자신의 제품이나 서비스를 구매하면 어떠한 혜택이 있는지 최대한 자세하게 설명하면 좋습니다. 많은 사업자가 이 마지막 제안을 빠뜨립니다.

이 순서를
반드시 기억하자

관점을 조금만 다르게 해봅시다. 수량, 그 자체를 바로 증가시키는 방법은 없을까요? 수량을 바로 올리는 전략을 소개하고자 합니다.

1명의 고객으로 시작해서 10년 만에 고객을 1,000명 넘게 만드는 가장 쉬운 방법은 무엇일까요? 그것은 바로 기존 고객 1명이 1년에 딱 1명의 고객을 더 데리고 오면 됩니다. 기존 고객에게 1년에 딱 고객 1명만 더 소개받을 수 있다면, 도저히 불가능해 보이던 1,000명 고객 만들기도 가능합니다. 1년에 딱 1명만 더, 이 단순한 전략이 실제로 어떤 결과를 만들어낼까요?

현재 1명 → 1년 뒤: 1×2 = 2명 → 2년 뒤: 2×2 = 4명 → 3년 뒤: 4×2 = 8명 → 4년 뒤: 8×2 = 16명 → 5년 뒤: 16×2 = 32명

→ 6년 뒤: 32×2 = 64명 → 7년 뒤: 64×2 = 128명 → 8년 뒤: 128×2 = 256명 → 9년 뒤: 256×2 = 512명 → 10년 뒤: 512×2 = 1024명

이처럼 고객이 고객을 부르는 소개의 힘은 막강합니다. 물론 실제로 이렇게 고객 수가 딱딱 맞아떨어지지는 않지만, 꾸준한 소개 위력은 바로 이해될 것입니다. 1명의 고객이 감동해서 주위 다른 고객들을 끌고 오는 선순환 과정, 이런 과정에 올라타기만 하면, 그 사업은 급격히 성장하게 됩니다. 마케팅에서 입소문은 가장 강력한 전략 중 하나입니다.

구르는 눈덩이가 계속 커지는 것처럼 고객이 늘어나므로, 특정 임계점을 지나면 고객 증가는 가히 폭발적입니다. 처음 고객이 그다음 고객을 몰고 오는 복리효과가 작용하기 때문입니다. 복리효과는 선뜻 이해하기 어려울 정도로 효과가 큽니다. 2를 10번만 곱하면 1,000이 넘는다는 사실은 직관적으로 잘 이해되지 않지만 엄연한 사실입니다.

기존에 만족했던 고객이 친구나 가족에게 소개해 그들이 방문하는 경우에는, 이미 그 매장에 대해서 충분한 호감을 가진 상태에서 오기 때문에 특별히 변수가 없는 한 결제를 합니다. 이렇게

입소문으로 오는 고객은 영업하기가 훨씬 쉽죠. 난이도가 반의반도 안 되므로 안정적인 매출에 필수적입니다.

입소문의 마케팅 비용은 0원입니다. 단 한 푼도 들지 않습니다. 만족한 기존 고객이 새로운 고객을 알아서 데려오기 때문에, 광고 효율이 가히 무한대에 가까운 필수 전략입니다.

회알못 - 그럼 입소문을 만들 수 있는 시스템을 갖추려면 어떻게 해야 할까요?

택스코디 - 입소문 시스템 형태는 업종마다 다를 수 있습니다. 그 과정에서 수많은 시행착오가 있을 것입니다. 하지만 꾸준하게 테스트를 하다 보면 찾아오는 고객이 점점 늘어나는 것을 직감할 수 있을 것입니다.

해외에서는 이미 일반화된 전략 중 '제휴마케팅'이란 것이 있습니다. 고객이 자신의 제품과 서비스를 주위에 추천하면 약속된 만큼 고객에게 수수료를 주는 방식입니다. 물론 수수료를 노리고 만족하지 않는 제품을 마구 추천하는 부작용도 있겠지만, 많은 경우 진정으로 소개하고 합당한 수준의 수수료를 주고받습니다. 특히 온라인 플랫폼 서비스처럼 고정비는 정해져 있고, 고객 증가에 따른 추가 변동비가 적을 때, 이 전략이 매우 효과적입니다.

이제까지 내용을 정리하면 다음과 같습니다.

- 매출은 후행 지표다
- 매출의 선행 지표 네 가지(트래픽, 전환율, 수량, 가격)가 중요하다
- 매출의 첫 시작인 트래픽은 아주 중요하다
- 트래픽이 충분해도 전환이 안 되면 어차피 매출은 0이다
- 트래픽과 전환율을 구분해 전략을 세우고, 이 숫자들을 자주 확인하자

세알못 – 이론적으로 매출이 저렇게 발생하는 건 알겠습니다. 그럼 어디서부터 시작해야 할까요?

택스코디 – 만약 당신의 고객이 될 수 있는 사람과 엘리베이터를 같이 탔다고 가정해 봅시다. 그럼 길어야 1분 정도 잠재고객과 같은 공간에 있게 됩니다. 그 짧은 시간 안에 당신은 당신의 제품이나 서비스를 효율적으로 설명할 수 있는가요? 당신 입에서 나오는 설명이 경쟁사들이 하는 말과 70% 이상 유사하다면, 현재 당신은 아마 큰 어려움에 빠져 있을 것입니다. 내가 파는 제품과 서비스가 타사의 것과 차별화되지 않는다면, 내세울 수 있는 건 싼 가격밖에 없습니다.

홈페이지를 만들기 전, 검색 광고에 큰돈을 쓰기 전, 브로슈어를 제작하기 전, 로고나 상호를 만들기 전, 그 어떤 마케팅 전략을

실행하기 전에 먼저 다음 세 요소를 살펴봅시다.

- 타깃: 물건 또는 서비스를 '누구'에게 제공하나?
- 메시지: 그것을 나에게 사야 하는 이유는 '무엇'인가?
- 미디어: 고객에게 메시지를 '어떻게' 전달할 것인가?

이 요소 각각의 내용을 살펴보는 것도 중요하지만 그보다 더 중요한 내용이 있습니다. 그것은 바로 '타깃 → 메시지 → 미디어' 순서로 접근해야 한다는 점입니다.

먼저 목표로 삼는 '고객'을 구체적으로 지정한다 → 이 고객에게 전달할 분명한 '메시지'를 만든다 → 이 메시지를 전달할 '미디어'를 선택한다

이 순서가 중요합니다. 하지만 실무에서는 이 순서를 정확히 반대로 행하는 경우가 많습니다. 이런 식입니다.

"이젠 블로그를 꼭 운영해야 손님이 온다고 하던데, 그러면 블로그에 뭘 적을까요?"

이런 식이죠. 정확히 역순입니다. 다시 강조하지만, 마케팅을 고민할 때 그 시작점은 반드시 시장, 즉 고객이어야 합니다.

가성비는 어떻게 계산하나?

화장품을 만들어 파는 사업이 있다고 가정하고, 공장에서 화장품을 만들어 고객들에게 판매하는 최대한 간단한 과정을 생각해보면, 주엔진과 보조엔진 두 가지로 구분할 수 있습니다.

주엔진은 공장, 보조엔진은 공장 밖에서 공장을 뒷받침하는 모습을 상상해보면, 주엔진에서 일어나는 일들이 바로 사업의 핵심이므로 손익계산서 최상단에 위치하고, 거기서 발생한 손익을 매출총이익이라고 합니다. 그리고 이를 도와주는 일련의 행위들이 바로 보조엔진을 돌리기 위한 비용이며, 회계 용어로 '판매비'와 '관리비'라고 부릅니다.

그렇다면 공장 생산직원의 급여는 어디에 포함되어야 할까요? 당연히 주엔진의 '매출원가'로 들어가야 합니다. 마케팅 담당 직원의 급여는 어디로 들어가야 할까요? 당연히 '판관비'입니다. 이처럼 급여라는 같은 계정과목이지만, 그것이 주엔진인지 보조엔진인지에 따라서 포함되는 범주가 달라집니다.

회알못 - 앞서 재무상태표에서 챙겨야 할 핵심 사항은 살펴보았는데, 손익계산서에서는 무엇을 꼭 챙겨봐야 하나요?

택스코디 - 다음과 같이 정리 해보겠습니다.

1. 매출의 전 단계

최초 견적을 주고받고 나서 서로 거래 조건이 어느 정도 일치하면, 이를 근거로 계약을 체결합니다. 그리고 약속된 시점에 재화나 용역, 그리고 세금계산서를 주고받습니다. 그리고 마지막 대금 지급일에 돈이 지급되면 매출의 과정은 끝납니다. 물로 돈이 제때 들어오지 않으면 미입금분에 대해 돈이 다 들어올 때까지 계속 추가로 관리해야 합니다.

그럼 손익계산서상의 매출액은 보통 어떻게 결정되는가요? 회계 기준에서는 '위험과 효익이 고객에게 이전되었는지'를 기준으로 매출액을 산정합니다. 하지만 이는 너무 이론적이고 어려우므로 기업 실무에서는 대부분 세금계산서를 기준으로 매출액을 정합니다. 따라서 세금계산서가 일단 발행만 된다면, 그 내용이 장부에 기록되므로 그 이후 업무는 어떻게든 관리가 됩니다.

문제는 세금계산서의 앞 단계입니다. 계약을 체결하고 나서 혹은 수주하고 나서 세금계산서를 발행하기까지 꽤 시간이 걸리는 경우가 많습니다. 만약 계약을 체결하고 실제로 물건도 다 넘겼는데, 세금계산서를 발급하지 않으면 어떻게 될까요? 거래 내역이 아예 장부에 기록되지 않으므로 회사 그 누구도 모를 수 있습니다.

이런 말도 안 되는 일이 실제로 발생할까요? 중소기업에서는 꽤 자주 발생합니다. 금액이 적으면 아무도 모른 채 그냥 넘어가는 것입니다. 심지어 금액이 몇 천만 원이나 되는데도 몇 년이 지나서야 세금계산서를 발행하지 않은 사실을 발견하는 때도 제법 있습니다. 따라서 매출은 스스로 챙겨야 합니다. 상대방이 절대 챙겨주지 않습니다. 손익계산서상에서는 보이지 않는 매출의 전 단계인 수주나 계약 단계부터 놓치지 않고 관리해야 합니다.

2. 급여의 질

앞에서 급여가 매출원가 또는 판관비에 포함된다고 말했습니다. 이를 각각 급여 A, 급여 B라고 합시다. 그렇다면 기존 손익계산서를 다음의 표와 같이 바꿀 수 있습니다.

기존	1차 수정
매출액 - 매출원가 = 매출총이익	매출액 - 급여 외 매출원가 = 순매출액 - 급여A (매출원가에 포함된 급여) = 매출총이익
매출총이익 - 판관비 = 영업이익	매출총이익 - 급여 외 판관비 - 급여B (판관비에 포함된 급여) = 영업이익

회사 대표는 어느 정도 급여 수준이 적절한지 또는 지급하는 급여가 그만한 가치가 있는지 궁금할 것입니다. 모든 것이 그러하듯 급여도 투입 대비 산출이 있습니다. 일명 가성비를 따져 봐야 합니다. 급여의 질을 효과적이고 효율적으로 관리해 사업을 성장시키는 것도 대표의 의무를 다하는 거죠.

세알못 - 그럼 가성비는 어떻게 계산하나요?

택스코디 - 바로 산출을 투입으로 나눠보는 것입니다. 그 수치가 1이면 투입과 산출이 동일하고, 1이 넘으면 산출이 더 많고, 1보다 적으면 투입보다 산출이 적은 것입니다.

알아두면 쓸모 있는 **회계 상식 사전**

급여 가성비를 따지기 위해 반드시 다음과 같은 지표를 구해봅시다. 일반적으로 급여 적정성을 계산할 때 '급여 ÷ 매출액' 지표를 많이 이용합니다. 그러나 이는 매출액 대비 급여가 얼마 수준인지 정도만 알 수 있을 뿐 추가적인 인사이트를 얻긴 어렵습니다. 그래서 반드시 급여를 분모에 배치해 급여 생산성을 구해야 합니다.

<엔진별 급여 생산성>

주엔진의 급여 생산성	순매출액 ÷ 급여 A
보조엔진의 급여 생산성	매출총이익 ÷ 급여 B

만약 급여 생산성이 4이며 지출한 급여가 1만 원이라면, 직원들이 4만 원만큼 4배를 벌어줬다는 뜻입니다. 얼마의 생산성이 적절한지는 일관되게 이야기할 수 없습니다. 업종마다 모두 다르기 때문입니다. 제일 중요한 것은 본인 사업의 최적한 급여 생산성을 꼭 알고 있어야 한다는 말입니다.

만약 최적의 급여 생산성이 5라고 한다면, 그 수치보다 무조건 높다고 좋은 게 아닙니다. 직원들의 업무에 부하가 많이 걸려있을 확률이 높습니다. 그러면 자연스럽게 근무 만족도도 낮아지고 그만큼 퇴사율도 증가합니다. 반대로 5보다 낮다면, 직원들의 업무 생산성이 낮다는 뜻이거나 매출이 부진해 직원들이 급여 대비 성과를 보여줄 수 없다는 뜻이기도 합니다. 어느 경우든 사업에 강한 적신호가 켜진 것이기에 이를 개선하기 위해 노력해야 합니다. 급여 생산성은 반드시 최소 한 달에 한 번은 꼭 챙겨야 하는 가장 중요한 수치 중 하나입니다.

3. 마케팅 비용

폭발적으로 성장하는 사업을 보면 공통점이 하나 있습니다. 경쟁자 입이 딱 벌어질 만큼 마케팅 비용을 책정한다는 점입니다. 반대로 점점 쇠퇴하는 사업의 손익계산서를 보면, 오랜 기간 제대로 된 마케팅 비용이 나가지 않은 경우가 많습니다.

손익계산서를 한 단계 더 수정해봅시다. 그리고 마케팅 비용을 매출액으로 나눠봅시다.

기존	1차 수정	2차 수정
매출액 - 매출원가 = 매출총이익	매출액 - 급여 외 매출원가 = 순매출액 - 급여A (매출원가에 포함된 급여) = 매출총이익	매출액 - 급여 외 매출원가 = 순매출액 - 급여A (매출원가에 포함된 급여) = 매출총이익

매출총이익 − 판관비 = 영업이익	매출총이익 − 급여 외 판관비 − 급여B (판관비에 포함된 급여) = 영업이익	매출총이익 − 급여, 마케팅 외 판관비 − 급여B (판관비에 포함된 급여) − 마케팅비 = 영업이익

이 또한 매출액에서 마케팅비를 나눌 수도 있지만, 매출액이 증가함에 따라 마케팅 비용이 그만큼 뒷받침되는지 살펴보기에는 '마케팅비 ÷ 매출액'이 더 적합합니다. 이 공식으로 자신이 매출액 대비 마케팅 비용을 얼마큼 지출하는지 꾸준히 살펴봐야 합니다.

중소기업 상당수가 너무 낮은 수준의 마케팅 비용을 책정하고 있습니다. 시행착오법으로 자신의 사업에 맞는 최적의 마케팅 비율을 정한 후에 그 비율을 반드시 유지합시다. 조금만 사업이 잘되면 검색 광고도 꺼놓고 블로그 작성도 소홀하기 쉽죠. 그러다가 어느새 경쟁사들에 자리를 내주고 말 것입니다.

PART 08

알아두면 쓸모 있는
관리회계 활용하기

한계이익은
무엇인가?

19세기 기업경영은 규모를 지향했고, 20세기에 들어와서는 효율을 지향했습니다. 경영자들은 '어떻게 하면 조직을 움직이고 이익을 낼 수 있는가'를 가르쳐 주는 강의를 원했습니다. 그런데 이것을 가르쳐주는 새로운 회계 강의가 1919년 시카고 대학 제임스 매킨지 교수에 의해 개설되었습니다. 그의 새로운 강좌의 이름은 관리회계 (Managerial Accounting)였습니다.

그는 이 강좌에서 예산관리를 가르쳤습니다. 예산은 회사의 제조나 판매 부문을 효율적으로 관리해서 이익을 내는 것입니다. '몇 개 팔리는가.'를 예측해서 '몇 개 만들어야 하는가'를 계획하고 무익한 재고가 발생하거나 상품이 부족해지는 현상을 방지합니다. 예산관리로 판매와 생산 부문을 조정할 수 있게 되고, 또한 책임자가 현장을 통제할 수 있게 됩니다.

예산관리는 과거의 실적뿐 아니라, 미래의 계획까지 다뤘습니다. 시카고 대학의 관리회계 강좌는 높은 인기를 얻었고 전 미국 대학으로 확대되었습니다.

과거의 실적을 계산하던 재무회계는 드디어 미래의 이익을 시뮬레이션하는 관리회계로 진화되었습니다. 예산의 본질은 미래의 숫자 계획, 즉 숫자 시뮬레이션으로 종래의 회계에서 다루지 않았던 미래의 숫자를 취급하고 있습니다.

이를 위해 비용을 고정비와 변동비로 나누고 매출에 비례하는 한계이익을 정했습니다. 한계이익을 통해서 손익분기점 매출을 쉽게 구하고 영업이익을 달성하기 위한 매출 시뮬레이션이 가능해졌습니다.

회알못 - 한계이익은 무엇인가요?

택스코디 - 한계이익은 매출액에서 변동비를 뺀 것을 의미합니다.

• 한계이익 = 매출액 - 변동비

예를 들어 A 상품의 판매가격은 3만 원이고, 상품원가는 15,000원, 포장비는 1,000원, 배송비는 4,000원이 발생한다고 가정합시

알아두면 쓸모 있는 **회계 상식 사전**

다. (포장해서 택배 발송을 해야 하니 상품원가, 포장비, 배송비는 변동비에 해당합니다.) 그럼 A 상품 한 개를 판매했을 때, 한계이익은 다음과 같습니다.

- 한계이익 = 매출액 - 변동비 = 30,000원 - (15,000원 +1,000원 + 4,000원) = 10,000원

따라서 A 상품 한 개를 판매했을 때, 한계이익은 1만 원이 됩니다.

한계이익을 계산하기 위해서는 먼저 사업장의 변동비가 무엇인가를 파악해야 합니다. 다음의 손익계산서를 한번 살펴봅시다.

<손익계산서>

과목	금액 (단위: 만 원)
매출액	45,000
매출원가	25,000
매출총이익	20,000
판매비 및 일반관리비	22,000
영업이익	▲ 2,000

손익계산서상 매출원가는 변동비입니다. 판매비 및 일반관리비 항목은 고정비와 변동비가 같이 합계된 금액이므로 다시 판매비 및 일반관리비 명세서를 살펴봅시다.

<판매비 및 일반관리비 명세서>

과목	금액 (단위 : 만 원)
여비 교통비	400
광고 선전비	4,000
임원 보수	3,000
급여	2,000
상여	0
감가상각비	0
지급임차료	1,200
수선비	200
포장 운임	5,000
통신비	250
수도 광열비	150
조세공과금	0
기부금	0
접대교제비	250
보험료	90
자재비	5,000
복리후생비	200

알아두면 쓸모 있는 **회계 상식 사전**

잡금	0
임대비	100
잡비	150
판매비 및 일반관리비 합계	22,000

위 명세서에서 변동비 항목은 쟈재비 (포장용 박스 등의 구입)와 포장 운임 (배송료) 두 가지 항목입니다. 그러므로 판매비 및 일반관리비에서 변동비는 1억 원 (자재비 + 포장 운임)이 됩니다.

손익계산서를 보고 한계이익을 계산하면, 매출액 − 변동비 (매출원가 + 자재비 + 포장 운임) = 4억 5천만 원 − (2억 5천만 원 + 5천만 원 + 5천만 원) = 1억 원

따라서 손익계산서를 보고 계산한 한계이익은 1억 원이 됩니다.

한계이익률은 무엇인가?

회알못 - 이제, 한계이익은 알겠습니다. 한계이익률은 또 어떻게 계산하나요?

택스코디 - 매출액에서 한계이익이 차지하는 비율을 한계이익률이라고 합니다. 다음과 같이 계산합니다.

- 한계이익률(%) = (한계이익 / 매출액) × 100

앞서 A 사의 매출액은 4억 5천만 원이었고 한계이익은 1억 원이었습니다. 따라서 한계이익률은 22.222% [(1억 원 / 4억 5천만 원) × 100]입니다.

한계이익률이 클수록 회사가 본업으로 일으키는 수익이 크다고 생각하면 됩니다. 한계이익률이 30%인 회사와 20%인 회사 중에 한계이익률이 30%인 회사가 돈을 잘 벌 확률이 높다고 판단하면 됩니다.

한계이익률은 상품 하나도 계산 가능합니다. 예를 들어 A 사가 판매하는 상품 B (매출액 2만 원, 변동비 1만 6천 원)의 한계이익률은 20%[(4천 원/2만 원) × 100]가 됩니다.

손익계산서를 보고 계산한 A 사의 1년 한계이익률은 22.22%였으니까 그보다도 낮습니다. 즉 B 상품을 아무리 많이 팔아도 돈을 벌기는 어렵게 됩니다. 어떤가요? 무작정 매출만 올린다고 해서 이익이 커지는 것은 아닙니다.

한계이익률을 알아야 하고 계산할 줄 알아야 합니다. 한계이익률을 지표로 삼아 상품 판매가격을 정하고, 현재 돈이 모이고 있다면 한계이익률 22.22%는 안전하다고 판단할 수 있지만, 그렇지 않은 경우라면 위험한 상황이 되어 한계이익률을 올리는 방안을 모색해야 합니다.

판매가격이 20,000원, 변동비가 16,000원이면 한계이익은 4,000원 (20,000만 원 – 16,000원)이고, 한계이익률은 20% [(4,000원 / 20,000원) × 100]입니다.

그럼 판매가격을 10% 인상했을 때, 한계이익과 한계이익률을 다시 계산해 봅시다.

- 한계이익 = 매출액 - 변동비 = 22,000원 - 16,000원 = 6,000원

- 한계이익률 = (한계이익 / 매출액) × 100 = (6,000원 / 22,000원) × 100 ≒ 27.3%

상품의 판매가격을 10%만 인상했을 뿐인데, 한계이익은 2,000원, 한계이익률은 27.3%로 커졌습니다.

관리회계에서는 1%의 이익률 차이가 매우 큽니다. 소매업의 경우에는 판매하는 모든 상품의 가격이 1% 인상되었을 때, 판매량이 줄지 않는다면 영업이익률은 20% 이상 상승합니다.

알아두면 쓸모 있는 **회계 상식 사전**

회계를 통해 의사결정 하자
(한계이익 분석)

회알못 – 카페를 운영하고 있습니다. 하루 동안 만들 수 있는 커피는 총 200잔이고, 하루에 판매하는 커피는 100잔 정도로 1잔당 3,000원에 팔고 있습니다. 그런데 갑자기 단체 주문이 들어왔습니다. 커피 150잔을 한 번에 주문한 것입니다. 대량 주문이니 한 잔당 2,000원에 달라고 요청합니다. 이 주문을 수락해야 하나요?

택스코디 – 먼저 이 주문을 수락하지 않으면 오늘 하루 동안 커피 100잔을 잔당 3,000원에 팔 수 있으므로 하루 매출은 30만 원이 됩니다. 그런데 단체 주문을 수락하면 150잔은 잔당 2,000원에 팔아야 하고, 일반 고객들에게 50잔만 3,000원에 팔 수 있으므로 총매출액은 45만 원이 됩니다. 총매출이 증가하니 이 주문을 수락하는 게 과연 맞을까요?

주문 수락과 관련해 올바른 의사결정을 내리기 위해서는 먼저 한계이익부터 알아야 합니다. 한계이익이란 매출액에서 변동비를 뺀 금액입니다.

- 한계이익 = 매출액 - 변동비

변동비란 커피를 한 잔 팔 때마다 변동하는 비용을 말하고, 판매량에 연동하지 않고 발생하는 비용을 고정비라고 합니다.

카페의 경우, 커피에 들어가는 원두, 물, 얼음, 우유 등은 변동비, 판매량에 연동되지 않는 임차료나 직원 인건비, 커피 머신의 감가상각비 등은 고정비입니다. 고정비는 커피를 팔지 않아도 어차피 발생하므로 단기적인 의사결정에서는 변동비만 고려하면 됩니다. 즉 단기적인 측면에서 단체 주문 수락 여부를 결정할 때는 매출액에서 변동비를 뺀 한계이익을 기준으로 판단해야 합니다.

카페에서 판매하는 커피의 변동비가 잔당 900원인 경우와 잔당 1,800원인 경우로 나눠 계산해 봅시다. 다음 표와 같이 잔당 변동비가 900원인 경우 단체 주문을 수락하면 한계이익이 21만 원에서 27만 원으로 증가하지만, 잔당 변동비가 1,800원일 경우 단체 주문을 수락하면 매출은 늘어나지만, 남는 돈은 오히려 줄어듭니다. 따라서 잔당 변동비가 1,800원이면 한계이익이 감소하므로 단체 주문을 수락하면 안 됩니다.

구분	단체 주문을 수락하지 않을 경우		단체 주문을 수락할 경우	
커피 매출액	30만 원 (100잔)		45만 원 (200잔)	
잔당 변동비	잔당 900원	잔당 1,800원	잔당 900원	잔당 1,800원
총 변동비	9만 원	18만 원	18만 원	36만 원
한계이익	21만 원	12만 원	27만 원	9만 원

이처럼 매출액에서 변동비를 뺀 한계이익을 계산해 의사결정을 내리는 것을 '한계이익 분석'이라고 합니다. 한계이익을 제대로 분석하지 않으면 매출액이 높아진다는 이유만으로 단체 주문을 수락할 가능성이 큽니다. 그러나 한계이익을 분석해보면 싼값에 많이 판다고 해서 반드시 이익이 나지 않다는 것을 알 수 있습니다.

한계이익 분석은 기업의 단기적인 의사결정에 활용됩니다. 단기적인 측면에서 고정비는 통제되지 않으므로 이를 배제하고 의사결정을 해야 합니다.

쉽게 손익분기점을 계산해 보자

쉽게 말하자면 손익분기점이란 손해 보지 않을 판매량을 말합니다. 조금 어렵게 표현하면 손익분기점은 제품 또는 상품 등의 제조에 들어간 비용을 고려할 때 손실이 발생하지 않는 최저판매량 수준을 의미합니다. 매출액과 총비용(변동원가 + 고정원가)이 같아지는 지점을 의미하므로 영어로는 BEP(Break even Point)라고 합니다. 결국, BEP 분석은 손해를 보지 않는 최저판매량을 파악하여 해당 제품이 최저판매량 이상 팔릴 수 있을 것인가에 대한 분석이라고 할 수 있습니다. 사업을 할 때 BEP 분석은 필수입니다.

손익분기점(BEP): 매출액 = 총비용(변동원가 + 고정원가)

회알못 - 당기 매출액은 4억 5천만 원이고, 고정비는 1억 2천만 원이며, 한계이익률은 22%입니다. 손익분기점 매출액은 얼마인가요?

택스코디 - 조금 다르게 말하자면 손익분기점이란 이익이 제로가 된 상태입니다. 제로라는 것은 손익이 똑같은 상태입니다.
한계이익률을 이용해서도 손익분기점 매출액을 쉽게 계산할 수가 있습니다. 구하는 계산법은 다음과 같습니다.

• 손익분기점 매출액 = 고정비 / 한계이익률

위 공식만으로 손익분기점 매출액을 간단히 계산할 수가 있습니다. 고정비를 1억 2천만 원, 한계이익률은 22%라고 가정하면, 손익분기점 매출액은 다음과 같습니다,

• 손익분기점 매출액 = 고정비 / 한계이익률 = 1억 2천만 원 / 0.22
  = 545,454,545원

대략 5억 4천만 원이 손익분기점 매출액이 됩니다. 따라서 회알못 씨는 현재 적자 상태입니다.
만약 매출 하락을 만회하려고 판매가격을 내려 매출을 올리려고 한다면, 한계이익률은 낮아집니다. 따라서 손익분기점 매출액

은 올라가게 됩니다. 또, 고정비가 커져도 손익분기점 매출액은 커집니다.

회알못 - 그럼 어떻게 하면 적자를 흑자로 돌릴 수 있을까요?

택스코디 - 다음 장을 살펴봅시다.

알아두면 쓸모 있는 **회계 상식 사전**

수익성을 분석하자

앞서 살펴보았듯이 한계이익률이 22%일 때, 대략 9천만 원 정도의 적자가 발생했습니다. 그런데 한계이익률이 단 5%만 오른다면 어떻게 될까요?

한계이익률을 27%로 가정하여 다시 계산해 보겠습니다. (한계이익률을 제외하고 모든 조건은 같다고 가정)

- 손익분기점 매출액 = 고정비 / 한계이익률 = 1억 2천만 원 / 0.27
  = 444,444.444원

한계이익률이 단지 5%가 인상되었을 뿐인데, 흑자로 전환되었습니다. 만약 한계이익률이 10%가 오른다면 어떻게 될까요? 상상만 해도 즐거운 일입니다.

아무리 강조해도 지나치지 않는 것이 바로 가격입니다. 어떻게 보면 경영자가 할 수 있는 모든 행위 중 가장 정점에 있는 것, 한마디로 경영의 진수이죠. 아무리 커 보이는 회사도 단 한 번의 잘못된 가격 결정 때문에 바로 나락으로 떨어질 수 있습니다.

사업을 운영하는 대표는, 반드시 자신과 고객 모두 납득하는 최적의 가격을 찾아내기 위해 사업을 그만두는 날까지 노력해야 합니다. 그리고 그 결정의 모든 책임은 대표에게 있습니다. 그럼 가격 결정이 왜 중요한지 다음 사례를 통해 살펴봅시다.

A회사는 하나에 10억 원짜리 기계를 1년에 10개씩 팔고 있습니다. 그리고 그 기계 원가는 6억 원입니다. 이 정도 사업을 운영하는 데 필요한 고정비는 30억 원이라고 합시다.

- 매출액 = 10억 원 × 10개 = 100억 원
- 원가 = 6억 원 × 10개 = 60억 원
- 고정비 = 30억 원
- 이익 = 매출액 - 원가 - 고정비 = 10억 원

B회사는 A회사와 모든 것이 같은데, 기계를 2개 더 팔 수 있는 마케팅 능력이 있습니다. 그래서 연간 12개의 기계를 판다고 합

시다.

- 매출액 = 10억 원 × 12개 = 120억 원

- 원가 = 6억 원 × 12개 = 72억 원

- 고정비 = 30억 원

- 이익 = 매출액 - 원가 - 고정비 = 18억 원

수량이 20% 증가하니 이익은 10억 원에서 18억 원으로 80% 증가했습니다.

C회사는 A회사와 모든 것이 같은데, 가격을 20% 더 받을 수 있다고 합시다. 즉 기계 하나를 12억 원에 파는 것입니다. 똑같은 기계를 팔기 때문에 원가는 6억 원으로 동일합니다.

- 매출액 = 12억 원 × 10개 = 120억 원

- 원가 = 6억 원 × 10개 = 60억 원

- 고정비 = 30억 원

- 이익 = 매출액 - 원가 - 고정비 = 30억 원

가격이 20% 증가하니 이익은 10억 원에서 30억 원으로 무려

200% 증가했습니다. 이것이 가격의 위력입니다.

여러분은 어떤 판단을 하겠습니까? 처음부터 판매가격의 설정이 중요합니다. 막연히 설정하는 것이 아니라 한계이익률을 고려하여 정확히 판매가격을 정해야 합니다. 그런 이유로 '가격을 결정하는 것이 곧 경영'이라는 말도 있습니다.

대표자를
지워도 괜찮은가

자, 이제 마지막 부분, 전략, 이 말이 너무 모호하다면 그냥 '사업계획을 세우고 추진하는 행위' 정도라고 해둡시다. 생각보다 사업계획을 세우는 회사가 많지 않습니다. 각자 머릿속에 대략적인 계획은 다들 있기는 하지만, 이것이 엑셀로 정리된 경우는 10% 미만이며, 사업계획이 구성원들에게 명확히 공유된 경우는 1%도 되지 않습니다.

세알못 - 좀 뜬금없지만, 사업과 장사가 어떻게 다른가요?

택스코디 - 전 사업과 장사의 가장 큰 차이가 '대표자를 지울 수 있는가, 없는가'로 봅니다. 대표자를 지울 수 없는 사업은 절대로 팔 수 없기 때문입니다. (현행법상 사람을 사고팔 수는 없기 때문이죠.)

무조건 팔 수 있어야 비로소 사업입니다. 내가 없어도 똑같이 유지될 수 있어야 다른 누군가가 내 사업을 돈 내고 사갈 것 아닌가요? 아니면 나도 같이 패키지로 한데 묶어서 팔아야 하는 웃지 못할 상황이 벌어집니다.

신문을 떠들썩하게 하는 유니콘 기업 창업자들이 어떻게 그런 천문학적인 돈을 벌었을까요? 대부분 회사를 매각할 때 큰돈을 법니다. 회사를 팔 수 있는 형태로 갖춰 놓았을 때, 드디어 천운이 찾아오는 거죠.

회사의 사업계획, 장사계획을 일컫는 게 아닙니다. 단순히 '대표를 포함한 조직원이 몇 배로 열심히 하면 몇 배로 더 성장할거에요'라는 것은 장사계획에 지나지 않습니다.

앞으로 몇 년 안에 어떤 과정을 거쳐 회사를 남에게 팔 수 있는 형태로 성장시킬 것인지에 대한 시나리오를 담아야 합니다.

그러므로 시스템이라는 세 글자를 명심해야 합니다. 회사의 모든 것을 시스템화할 수 있도록 끊임없이 노력해야 합니다. 무인양품 마쓰이 타다미쓰 회장은 '모든 노하우를 표준화된 메뉴얼로 만들어 철저히 시행하라'라고 조언합니다. 그 과정에서 노력이 성과로 이어지는 구조, 경험과 감을 축적하는 구조, 낭비를 줄이는 구조가 만들어지고 조직의 체질까지 바뀌게 된다고 주장합니다.

알아두면 쓸모 있는 **회계 상식 사전**

만약 현재 당신의 사업에 표준화된 메뉴얼이 없다면, 사업을 하는 것이 아니라 장사를 하는 것입니다. 하나하나 대표 손길이 닿아야지만 자신의 사업이 굴러간다면 그게 진정한 사업이라고 할 수 있을까요? 장사라는 게 나쁘다는 의미가 아닙니다. 장사는 자신의 노동력의 연장선이라는 측면에서 근로자와 개념적으로 차이가 없습니다. 심지어 근로자들보다 경제력이 더 취약한 경우도 많습니다. 다음과 같이 질문해 봅시다. 그리고 끊임없이 개선해 나갑시다.

- 메뉴얼이 표준화되어 있는가?
- 그 중 자동화할 수 있는 부분은 없는가?
- 아웃소싱하는 것이 더 효율적이고 효과적인 업무는 없을까?

만약 회사 내에 CFO라는 직함을 가진 사람이 없어도, 누군가는 CFO의 역할을 해야 합니다. CFO의 역할을 정의 내리기는 쉽지 않지만, 제가 생각하는 중요한 세 가지 핵심 역할은 다음과 같습니다.

'과거의 근거를 가지고, 미래에 관한 이야기를, 바쁜 대표를 붙들고 꾸준히 이야기하는 것'

미래를 말해야 합니다. 미래에 회사가 어떤 시스템을 갖춰서 어떤 형태로 팔 것인지를 고민해야 합니다. 다시 강조하지만, 실제로 회사를 팔지 않더라도 반드시 '언젠가는 팔고야 만다'라는 생각으로 사업을 봐야 합니다. 그리고 이런 사업계획은 허무맹랑한 이야기가 아니라 과거 실적으로 뒷받침되어야 합니다. 따라서 그 앞 단계인 경리, 회계, 세무 업무 또한 꿰뚫고 있어야 합니다.

알아두면 쓸모 있는 **회계 상식 사전**

기록의 힘

기록의 시작

회계 역시 정해진 규칙으로 숫자를 기록한 것입니다. 권말부록에서는 기록이라는 큰 범주에 대해 주제넘게 몇 마디를 해볼까합니다. 기록에 대해서는 저의 다른 부캐, 바로 '북스빌더'가 등장해서 말할 것입니다. 먼저 북스빌더를 간단히 소개하자면 매일매일 기록하는 것이 직업이고, 쌓은 기록을 기획해 콘텐츠를 제작하는 일을 하는 크리에이터입니다.

Q – 왜 그렇게까지 기록하나요? 기록하면 뭐가 좋은가요?

북스빌더 – 그러고 보니 기록 덕분에 꽤 많이 달라져 있습니다. 일을 잘 하고 싶어 시작한 기록으로 제법 많은 책을 출간했고, 여행지에서는 또 다른 기록을 남겼고, 제 기록을 공유하는 계정으로 사람들과 교류도 하고, 무엇보다 기록을 통해 저만의 철학을 갖게 되었습니다.

　기록의 시작은 정확하게 기억나지 않지만, 이유는 또렷하게 알고 있습니다. '일을 잘하고 싶어서'였습니다.

　낯선 것을 계속 바라볼 때, 기분이 이상할 때, 좋은 글을 읽었을 때, 쓰고 싶은 글이 있을 때, 기획하는 순간의 기분과 감정, 생각을 놓치지 않으려고 계속 적었습니다.

　의도한 건 아니었지만 제 기록은 계속 자리를 넓혀갔습니다. 일상에서, 여행에서, 직장에서, 강연장에서, 수십 년 전의 잡지에서, 심지어 비행기 안에서까지 제가 만나는 모든 것들이 영감의 원천이자 기록이 되었습니다. 일상에서 가볍게, 때로는 마음먹고 몰아쳐서 하는 스크랩, 당장 이렇다 할 소득은 없지만, 너무 재미있어서 하게 되는 딴짓들, 주변에 널려있는 영감들을 수집하며 저는 늘 되뇌었습니다.

"언젠가 쓸 데가 있겠지."

　작년 오늘 무엇을 했는지 기억하나요? 재작년 오늘은요?
　'어제 일도 기억이 안 난다'라는 말을 입에 달고 살고 사는 마당에 무슨 얘길 하는 거냐고요? 그러니까요. 시간이 흐르면 필연적으로 잊어버리고 말 하루를 기억하게 해주어서, 하루가 모여 인생이 된다는 걸 눈앞에 보여주어서, 저는 기록하는 사람이 되었습니다.

매일매일을 기록해두고 싶다, 하는 마음만 오랫동안 품어온 사람들에게 일기 쓰기를 권합니다. 제가 쓰는 것처럼 그날그날 일어난 일을 담담히 기록해두는 것만으로도 충분합니다. 하루를 기억하고 싶은 사람에겐 정직한 기록이면 충분하기 때문입니다. 일기 쓰기야말로 늦었다고 생각할 때가 가장 이르게 시작할 수 있는 날입니다. 어제를 되돌릴 수 없으니, 그저 오늘부터 기록해나가면 됩니다.

기록한다는 것은 무엇을 기억할지 정하는 일이기도 합니다. 살면서 마주치는 모든 것을 기록할 수 없으니 그 과정에서 중요한 것은 더 중요해지고, 덜 중요한 것은 덜 중요해지겠죠. 그게 무엇이 되었든 자기만의 기록을 시작하는 순간 우리는 시간을 다른 방식으로 겪게 됩니다. 하루는 더 촘촘해질 것이고, 기록해둔 '지금'은 분명 미래에서 우리를 기다려줄 것이기 때문이죠.

제가 말하는 기록은 적는 일만을 뜻하지 않습니다. 그림을 그리거나 사진을 찍거나 영상을 남기는 등 어떤 식으로든 순간을 붙잡아두려는 모든 시도를 기록이라고 칭합니다. 이는 메모와는 다릅니다. 그때그때 적어둔 메모가 한 알 한 알의 구슬이라면, 기록은 그것을 꿰는 일에 해당합니다. 낱개의 메모보다는 한 가지 주제로 일관된 기록을 이어나가면 좋습니다.

한 가지는 분명히 말할 수 있습니다. 기록은 나에게 있어 중요한 것이 무엇인지 잊지 않게 해주고, 삶이 건네는 사소한 기쁨들을 알아챌 수 있도록 돕는다는 사실 말입니다.

또 모든 삶은 기록될 가치가 있습니다. 그럼 이제 '당신만의 반복되는 역사'를 쌓아볼까요. 그리 어렵지 않습니다.

기록의 시작은 '적을 것'과 '적을 곳'을 분명히 하는 데 있습니다. '적을 것'은 당신만의 쓸거리를 찾는 일입니다. 내가 좋아해서 자주 하는 행동이 있는지, 혹은 나도 모르게 자주 찍고 있는 특정한 풍경이 있는지, 매일 빠짐없이 반복하는 일과가 있는지 가만히 살펴봅시다.

좋아서 하는 기록이어야 꾸준할 수 있으므로 '이런 기록이 쌓인다면 정말 좋을 거 같아' 하는 마음에 드는 소재를 찾아봅시다.

　　　　　　　　알아두면 쓸모 있는 **회계 상식 사전**

'적을 것'을 정했다면 다음은 '적을 곳'을 생각해 봅시다. 노트가 좋을지, 사진을 찍거나 그림을 그려 인스타그램 부계정에 올리는 편이 적합할지, 영상을 찍는 것이 나을지에 따라 '기록할 장소'가 정해집니다. 이제 모든 준비가 끝난 셈입니다.

기록의 쓸모

다른 이들에겐 쓸데없이 보일지라도 제게 감동을 주는 것들을 잘 수집해 기록해두면 분명 쓸모가 있을 거라 믿습니다. 간혹 주변 사람들은 저에게 별것도 아닌 일에 호들갑 떤다고 하지만 저는 이런 기록들이, 기록해 가는 과정이 마냥 즐겁습니다. 기록을 공유하게 된 계기는 좀 더 구체적입니다.

"내가 보고 듣고 느낀 기록들이 누군가에게 영감이 되면 좋겠다."

이런 생각으로 어느 날 SNS 계정을 만들었습니다. 계정을 운영하면서 저는 기록의 또 다른 가능성을 발견했습니다. 모든 기록은 연결되어 '생각의 고리'가 됩니다. 5년 전 기록이 오늘 기록과 결합해 새로운 의미를 낳고, 저의 기록이 누군가의 기록과 이어져 더 나은 생각이 되기도 합니다. 영감을 기록하고 공유하는 일은 저라는 사람을 깊고 넓게 확장했습니다.

제 경험의 기록이, 누군가에게 기록의 시작이 되면 좋겠습니다. 저와 함께 '기록의 쓸모'를 외치는 이들이 더 많아지면 좋겠습니다.

5년 전 '부크크'라는 플랫폼을 통해 책을 출간하는 과정에서 오히려 모든 사람의 이야기와 기록은 책이 될 수 있다는 생각을 하게 됐습니다. 국어사전에서 책의 정의를 찾아봐도, '정한 목적, 내용, 체제에 맞추어 사상, 감정, 지식 따위를 글이나 그림으로 표현하여 적거나 인쇄하여 묶어놓은 것'이라 나와 있습니다. 서점에 진열된 직사각형 모양의 책만 책이 아닙니다.

모든 기록은 나름의 쓸모가 있습니다. 내가 찍은 사진, 나의 감정, 말하고 싶은 메시지를 전달할 수 있다는 것만으로도 제게는 충분히 의미 있는 경험이었습니다. 무언가를 자유롭게 만들 용기를 북돋는 것 또한 어엿한 기록의 쓸모일 테니까요.

제가 부지런히 기록하게 된 계기는 어쩌면 참 단순했습니다. 일을 좀 더 잘하고 싶어서. 하지만 외려 또 다른 기록의 쓸모를 실감

하게 됩니다. 처음에는 내 일을 적는 데에만 열심이었다면, 지금은 내 기록이 나와 내 일에 어떤 영향을 미치는지에 대해 더 진지하게 생각하게 된 것입니다.

우리는 모든 것을 볼 수 있고, 모든 것에서 의미를 찾을 수 있습니다. 그리고 이 모든 것은 기록될 수 있습니다. 기록된 것을 직업이나 자신의 삶과 연결할 수도 있습니다. 이를 '실행'이라 부릅니다. 관찰과 실행, 그 사이를 이어주는 기록, 제가 작가로서 기록을 시작한 이유입니다.

'생각, 기록, 공유'

이 세 가지에 집중해왔습니다. 건강하고 단단한 생각을 떠올리기 위해 루틴을 만들어 습득했습니다. 책, 신문, 잡지, 팟캐스트, 유튜브, 넷플릭스를 가까이 두고 떠올린 생각을 빠짐없이 기록했습니다. 그 뒤, 기록된 생각을 콘텐츠로 만들어 블로그에 업로드를 했습니다.

생각을 기록하고 공유하는 데에 충실했던 시간은 평생 경험하지 못했을 것들을 경험하고 있습니다.

가끔 그런 생각을 해봅니다. '내가 만약 5년 전에 기록하지 않았다면, 지금의 나는 어땠을까?'라고. 아마 5년간 이뤘던 모든 것들은 없었을 것입니다.

기록을 시작한 덕분에 과거와 다른 내가 될 수 있었습니다. 사람들이 찾아보는 채널이 되기 위해 생각을 기록으로, 기록을 콘텐츠로 만드는 과정을 고민하며 기획력을 길렀습니다. 독자의 반응과 피드백을 보면서 대중적 감각을 놓치지 않기 위해 노력하는 크리에이터가 될 수 있었습니다.

어떤 기업의 인사담당자는 블로그를 운영하는 지원자라면 반드시 눈여겨본다고 합니다. 생각을 하고, 생각을 글로 쓰고, 꾸준하게 뭔가를 한다는 점에서, 다른 사람들과 소통을 해본 경험이 있다는 점에서 블로그 하는 지원자를 가장 높은 순위로 본다고 말합니다.

예전에는 이 말이 잘 이해되지 않았는데, 요즘 들어서는 전적으로 동의합니다. 기록하고 콘텐츠를 만드는 경험이 얼마나 스스로를 단단하게 만들고 발전시키는지 잘 알기에 비슷한 경험을 해본 사람에게 무조건 끌립니다. 그리고 이런 사람이 많아졌으면 좋겠습니다.

기록의 진화

기록은 마치 달리기 같아서, 꾸준히 하면 할수록 근력이 붙어 '기록형 인간'이 됩니다.

기록하면서 생긴 가장 큰 변화는 나를 객관화하는 시간이 생겼고 전보다 성실한 태도를 갖게 되었으며, 효율적인 시간 관리에 집중하게 되었다는 것입니다. 무엇보다 사소한 것들을 흘려보내지 않아 내 일에 활용할 자산이 많아졌습니다.

저는 일을 잘하고 싶어서 기록했습니다. 제가 한 일, 그리고 일을 잘하기 위해 했던 생각을 쓰기 시작했습니다. 때론 여행지에서 무언가에 홀린 것처럼 기록하기도 했습니다.

기록의 이유는 사람마다 다양합니다. 어떤 친구는 시끄러운 머릿속 생각을 정리하기 위해 한다고 하고, 다른 친구는 책을 내고 싶어서 기록한다고 합니다.

기록하고 싶다는 생각이 들었다면, 먼저 그 이유부터 적어봅시다. 훗날 동기나 계기를 되새기는 용도로도 좋고, 무엇보다 그 자체로 기록의 추진력이 생깁니다. 첫 기록이 만들어졌으니 기록하는 삶이 이미 시작된 것 아닌가요.

Q – 어디에, 어떤 도구로 쓰면 좋을까요?

북스빌더 – 누구는 종이를 고집합니다. 글을 쓰려면 '쓸 맛이 나야 한다'라는 이유였습니다. 실제로 쓰는 촉감이 좋아서 종이를 선호하는 사람들이 많습니다.

도구를 정하는 것은 기록을 시작하는 아주 중요한 준비요소 중하나입니다. 그의 말처럼, 자고로 기록할 때는 쓸 맛이 나야 합니다. 적어도 저는 그렇습니다. 매일 먹는 밥이어도 맛있고 깔끔하고 예쁜 것만 먹고 싶듯, 매일 하는 기록도 이왕이면 편하고 기분좋아야 하지 않을까요. 그래서 쓸 때는 나에게 가장 편한 도구로 시작해야 하며, 기록하는 데 어려움이 없어야 합니다.

이렇듯 쓸 맛이란 기록을 지속하게 해주는 꽤 중요한 요소입니다. 어떻게 쓰든 흰 바탕에 글이 새겨지는 건 마찬가지인데 도구에 따라 나오는 글이 다르고 기록되는 형태도 달라집니다. 각자 쓸 맛 나는 도구가 무엇인지 찾아야 합니다.

당신이 블로그를 오픈했다는 것은 자기 생각을 쌓아나갈 준비를 마쳤다는 것입니다. 이제 필요한 건 '무엇을 올릴지'입니다. 퍼스널 브랜딩까지 염두에 두고 만들었다면 당연히 콘셉트가 필요합니다.

블로그에 장기적으로 담을 수 있을지 가늠하려면 관심사를 고려해야 합니다. 내가 좋아해야, 내가 관심이 있어야 지속 가능성을 갖출 수 있습니다. 이 점은 생각보다 중요합니다. 뚜렷한 성과가 없더라도, 내가 즐겁다면 꾸준히 콘텐츠를 쌓을 수 있는 원동력이 됩니다.

지금도 느끼는 사실이지만 기록만큼 공부에 좋은 것이 없습니다. 투자에 관심이 있다면 투자 일지를 기록하고, 어학에 관심이 있다면 스터디 노트를 기록하고, 영화에 관심이 있다면 영화 리뷰를 기록하며 자연스럽게 내 관심사를 더 깊게 알아갈 수 있습니다.

Q - 기록할 블로그를 만들기는 했는데, 무엇을 올릴지 막막하네요.

알아두면 쓸모 있는 **회계 상식 사전**

북스빌더 - 먼저 '내가 좋아하는 것'을 10가지 정도 적어봅시다. 그다음 공통으로 묶을 수 있는 부분이 있다면 묶습니다. 그러면 핵심 키워드로 두세 가지 정도를 뽑을 수 있습니다. 그 핵심 키워드가 이제 콘셉트가 되는 것입니다.

내 관심사이므로 알아보고 기록하는 것이 즐거워집니다. 내 생각도 풍부해집니다. 다른 사람에게 '나 이런 거 좋아하는데, 어떻게 생각하나요?' 보여주고 싶어서 안달이 나게 됩니다. 그 즐거움은 블로그를 오랫동안 유지하는 힘으로 바뀝니다. 뭐든지 오래, 꾸준히, 성실하게 하는 것이 중요합니다. 그 힘을 다른 곳이 아닌 '나'에게서 찾는 것입니다. 이 방법이 제일 간단하고, 성공 확률이 가장 높습니다.

기록의 힘

　가끔 다른 사람이 쓴 글을 읽으며 '이 사람은 어떻게 이렇게 적재적소에 좋은 문장들을 인용했을까?' 생각한 적 없나요? 발췌나 인용이 능사일 수는 없지만, 적절한 곳에 들어가 있으면 독자의 마음에 메시지를 이해하고 전달하는데 효과적인 게 사실입니다. 하지만 우리가 부러워하는 그 사람이라고 해서 세상의 모든 좋은 문장들을 머릿속에 담고 있는 건 아닐 겁니다. 이럴 때 필요한 것이 바로 기록입니다. 기록의 힘을 빌려 좋은 문장들을 모아둡시다. 언제든 꺼내 쓸 수 있도록 말이죠.

　저에게는 이렇게 수집한 문장을 넣어두는 일명 '글창고'가 있습니다. 각각의 창고에는 문에 이름표를 붙이듯 제목을 붙여두었습니다. 경제, 창업, 가족, 책, 여행처럼 말이죠. 이렇게 키워드를 나

　　　　　　　　알아두면 쓸모 있는 **회계 상식 사전**

누어 분류한 여러 개의 창고에, 각각 그 주제와 관련해 모은 발췌 문장들이 들어 있습니다. 글창고는 일상에서 주로 이런 방식으로 채워집니다.

TV를 보다가, 책을 읽다가, 웹 서핑을 하다가 마음에 꽂히는 문장을 발견하면 주웠다가 해당하는 창고에 넣어둡니다.

이렇게 모아둔 문장을 반드시 인용의 용도로만 쓰는 건 아닙니다. '여행'에 관한 글을 써달라고 청탁받았을 때, 어떤 식으로 써야 할지 막막하다면? '여행' 창고로 들어가서 그동안 모아둔 문장들을 전체적으로 한번 읽어보는 것만으로 갈피가 잡히기도 합니다. 내 마음이 움직여 모아둔 문장들엔 제가 여행을 어떻게 생각하는지, 여행에 대해 어떤 태도를 갖고자 하는지 보이기 때문입니다.

제가 말한 글창고는 네이버 카페를 말합니다. 전 네이버 카페를 글 쓰는 목적으로 만들어 운영하고 있습니다. 카페 글쓰기 큰 장점은 키워드 검색이 가능하다는 것입니다. 검색란에 '여행', '창업' 등으로 입력하면 그 키워드가 포함된 모든 문장이 검색 결과로 잡히기도 합니다. 빠르게 찾을 때는 이 방법이 편합니다. 당신도 좋은 문장을 모아두는 자기만의 글창고를 가졌으면 좋겠습니다.

역사는 한 줄의 기록에서 시작됩니다. 특별한 것이라서 기록된 것이 아니며, 기록했으므로 특별해진 것이 대부분입니다.

고 노무현 대통령 시대, 그는 보좌진에게 질문 했습니다, "이순신 장군과 원균 장군, 역사 속에서 두 사람의 가장 뚜렷한 차이는 무엇인가?"라고 물어보았습니다. 그 보좌진들은 두 사람의 차이를 여러 가지 설명했고 다양한 답들을 내놓았습니다. 그때 노 대통령의 답변은 명쾌했습니다. 두 사람의 가장 큰 차이는 "이순신 장군은 임진 사태에 대해 '난중일기'라는 기록을 남겼고, 원균 장군은 별다른 기록을 남기지 않았다."라고 지적했다고 합니다.

'인생은 짧고 예술은 길다.'라는 말이 있습니다. 이 말이 주는 교훈 역시 기록의 힘을 보여주는 것이라 할 수 있습니다. 인간의 생과 개인의 역사는 유한하지만, 인간이 남긴 예술세계의 피조물인 작품들이 기록되는 순간 그 결과물은 무한한 역사 속에 존재하게 될 수 있습니다.

한 개인이 남긴 말씀이나 행동, 창조물이나 아이디어가 책이나 그림, 음악, 사진이나 영상자료로 기록되었다면, 그것은 역사 속에서 영구히 남아있게 될 것이기 때문입니다.

우리 인류가 역사 속에서 진화하고 발전한 것도 역시 기록의 힘이라 할 수 있습니다. 만일 기록이 없었다면, 우리 조상의 과거가 어떤 모습이었는지 그것을 우리가 어떻게 알 수 있을까요?

지구상에서 벌어지는 다양한 사건과 사고, 전쟁과 평화, 발견과 발명들, 도전과 개척의 사실들이 기록되었기에, 그 기록을 발판으로 오늘날 이렇게 발전된 인류 문명을 가질 수 있게 된 것입니다.

인간의 기억력은 한계가 있지만, 이 기억을 연장하고 보존하는 것 역시 기록의 힘입니다.

늘 기록해두세요. 언젠가는 쓰임이 있습니다.

저는 지난 5년간 매일 기록하고 있습니다. 신문 기사, 인터넷 검색에서 얻은 짧은 글, 나 스스로 감탄해 마지않는 독특한 표현과 문장, 그날의 생각 따위를 닥치는 대로 적고 있습니다.

기록을 한 사람들은 다 가지고 있고, 기록하지 않은 사람들은 전부 흘려보내 결국 아무것도 없다는 사실을 명심합시다.

기록이 준 선물

아직도 또렷이 기억하고 있습니다. 첫 책 〈2시간에 끝나는 부가가치세 셀프신고〉를 처음으로 받았을 때였습니다. 택배가 도착했다는 문자 알림, 이미 출판사 편집자가 갓 인쇄된 책이 도착할 것이라는 메시지를 보낸 뒤였기에, 드디어 제가 쓴 책이 도착했다는 것을 알 수 있었습니다.

택배를 찾으러 집으로 가는 길, 택배 상자를 받았을 때 기분 좋은 묵직함, 택배 상자를 열어 책을 처음 마주했을 때의 설렘, 아직도 모든 것이 선명히 떠오릅니다.

블로그에 포스팅한 기록들이 좋은 반응을 얻고, 얼떨결에 종이책으로 이어졌고, 제 이름 앞에 '작가'라는 호칭이 떡 하니 붙었습니다. 하지만, 지금도 세상에 내 책이 존재한다는 사실이 여전히 신기하기만 합니다. 서점에서 '택스코디'라고 검색하면 책이 나오는 것도 이상하고, 매대 위에 내 책이 누워 있는 것도 신통합니다. 제가 쓴 책을 다른 이에게 추천하는 블로거가 있다는 것도 이상한 일이고, 포털에 책 이름을 검색하면 나오는 것도 놀라운 일입니다.

처음 해보는 일인데도, (몇 천 자 분량의 글로 이뤄진 콘텐츠가, 7만 자에서 8만 자 분량에 이르는 완결성을 가진 창작물로 만드는 과정은), 생각만큼 어렵지는 않았습니다.

물론 마감이 다가오면 잠자는 시간이 급격히 줄어들어 힘들었고, 경험 없는 상태에서 무턱대고 책을 쓴다고 했구나 싶었을 때도 있었습니다. 그러나 신기하게도 책을 막상 접하면, 그간의 고생은 곧바로 남다른 성취감으로 대체됩니다. 책만큼 규모가 큰 성취감은 지금까지 없었습니다.

새로운 창작 과정의 도전은 디지털에서 시작해 아날로그로 나아갔으며, 결과가 어찌 됐든 책을 펴낸 것, 그 자체는 기록하면서 경험할 수 있는 최고를 경험했다는 생각입니다.

독서를 즐기고, 글을 쓰는 것을 좋아하는 사람으로서 책을 쓰는 건 분명 좋아하는 일을 두 배로 하는 것이라 기쁜 일이면서도, 그래서 잘하고 싶다는 마음 때문에 두 배 이상 힘든 일인 것도 사실입니다.

하지만 기록의 여정 안에서 만난 최고의 선물이라는 점. 내 생각이 콘텐츠가 될 수 있는 확실한 방법이라는 점, 디지털로는 닿지 못하는 독자를 만날 수 있다는 점에서 책을 쓰는 일을 계속해나갈 것입니다. 지금 쓰고 있는 이 원고도, 막상 책으로 만나고 나면, 힘들었던 모든 것이 눈 녹듯 싹 사라질 것입니다. 그리고 금세 이런 생각을 할 것입니다. 또 다른 책을 쓰고 싶다는 생각을.

Q – 책을 쓰면서 어려운 점은 없었나요?

북스빌더 – 첫 번째 어려움은 가족을 부양하면서 매일 매일 글을 써야 하는 것이었습니다. 두 꼭지 이상 분량의 글을 매일 쓰는 것을 목표로 시작을 했는데 생각처럼 글이 잘 써지지도 않았고 가족 부양을 우선순위로 하고 글을 쓰다 보니 정작 글 쓸 시간이 많이 부족했죠.

글이 잘 써지지 않을 때는 오히려 쓰기보다 다른 글을 읽는 것에 집중했습니다. 제 안에 채워진 것이 부족하면 나올 수 있는 것이 분명 한계가 있기 때문이죠.

알아두면 쓸모 있는 **회계 상식 사전**

두 번째 어려움은 첫 원고를 완성하고 교정을 반복하는 것이었습니다. 첫 꼭지부터 읽어보면서 글을 수정하는데 제가 쓴 글임에도 무언가 어색한 부분이 많이 보이기 시작했죠. 심지어 어떤 꼭지는 왜 이런 글을 썼는지 무슨 말을 썼는지 저도 잘 이해되지 않는 부분이 있었습니다.

이럴 때는 책쓰기 코치 (정효평 작가)에게 조언을 구했는데, 너무 걱정하지 말라는 위로와 함께 1주일에서 2주 정도 아예 원고를 보지 말라고 했죠. 잠시 제가 쓴 글과 거리를 두고 있을 시간이 필요하다고 그는 말했습니다. 어느 정도 손에서 교정을 놓고 나니 처음에는 걱정이 되기도 했지만, 마음이 한결 편해지는 것을 느끼게 되었습니다. 마음의 안정을 찾고 마지막이라는 마음으로 다시 시도하여 책 교정 작업을 마무리할 수 있게 되었습니다.

Q - 출간 이후에는 어떤 변화가 있었나요?

택스코디 - 먼저 저를 바라보는 사람들의 시선입니다. 저를 그냥 소개했을 때와 책을 쓴 저자이기도 하다는 소개를 덧붙였을 때의 반응이 다르다는 것을 느끼게 됩니다, 제가 조금 더 전문적인 사람이라는 인식을 심어주는 것 같습니다.

그리고 누군가의 글을 읽을 때 글에 관한 두려움과 겸손함이 생긴 것 같습니다. 제가 쓴 글이 책이 된다는 것은 단순히 저의 이름으로 된 책 한 권이 생긴다는 것 이상의 의미를 갖는다는 것을 깨달은 것이죠. 책을 쓰기 시작할 때는 저의 목표와 의지가 중요했고 그 책 쓰기를 마무리하는 교정을 하면서 저의 책을 읽게 될 독자가 더 중요하다는 것을 자연스럽게 느끼게 됩니다. 이렇게 책을 쓰는 과정은 자기중심적인 생각에 갇혀 있던 나를 조금 더 성장시켜주는 시간이 되기도 한 것이죠.

택스코디와 같은 콘텐츠 크리에이터라면 무조건 책을 써야 성공한다는 것은 아니지만 자신이 강의하는 분야에 자신의 저서가 있다는 것은 분명히 비즈니스와 자신을 브랜딩하는 것에 긍정적인 효과가 있습니다. 저 역시 그 효과를 톡톡히 보고 있습니다. 강의 제안이 왔을 때 보통 프로필을 보내달라고 합니다. 그러면 대부분 자신의 강의 경력을 내세우기 위해 어디 어디에서 강의를 이렇게 많이 했다는 프로필을 보냅니다. 하지만 그 경력이 그 사람이 가진 강의력이나 강의 콘텐츠로 인정받기가 쉽지 않습니다. 그러므로 어떤 의뢰인은 혹시 강의 영상이 없느냐는 질문을 하기도 합니다. 하지만 저서가 두세 권정도도 되면 그것을 묻는 것이 아니라 오히려 책을 참가자들에게 선물도 드리려고 하는데 괜찮겠

느냐는 질문을 받게 됩니다. 저서가 있다는 것은 자신의 콘텐츠에 대한 전문성을 어느 정도 보장받는 효과가 있다는 증거 아닐까요?

기록의 쓰임

자기 생각을 기록하고 공유하는 것이 습관이 되면, 어쩌면 진짜 나를 설명해주는 포트폴리오가 될 수 있습니다. 또 순수한 나의 힘을 보여주는 좋은 기회가 되기도 합니다. 나의 역량이 어디까지 인지를 객관적으로 보여줄 수 있습니다.

이런 기록의 장점은 무수히 많지만, 오래 하는 사람들이 많지 않다는 점이 좀 아쉽기도 합니다. 대부분 기록하다 빨리 그만두는 이유 대부분은 '성취감이 부족해서'입니다. 성취감이 있어야 오래 할 수 있습니다. 더 많은 사람이 구독해주고, 댓글과 관심, 피드백을 남겨줘야 할 맛이 납니다.

따라서 성취감을 느끼기 위해서는 우선 사람들이 내가 만든 콘텐츠를 찾아봐야 합니다. 그리고 사람들이 찾아보는 콘텐츠가 되기 위해서는 남들과는 다른 자신만의 콘텐츠가 필요합니다. '독보적'인 콘텐츠가 없으면 사람들은 찾아보지 않습니다. 볼 것 많아진 세상 속에서 특히나 내 생각, 내 기록을 찾아와서 보게 하려면 나만의 독창적인 콘텐츠는 필수입니다.

어떤 콘텐츠는 사람들 사이에서 유통되고 어떤 콘텐츠는 소리 없이 사라집니다. 어떤 것들은 사람들 사이에서 알아서 퍼지는데, 어떤 것들은 허무하게 묻히는 경험을 거듭합니다. 그 차이를 오랫동안 고민하여 얻은 결론은 바로 '오리지널리티(originalty)'입니다.

오리지널리티는 남들에게 없는 독창성입니다. '~스럽다'리는 말을 붙여보면 오리지널리티가 있고 없음을 짐작할 수 있습니다. 반드시 거창하지 않아도 상관없습니다. 그런 '~스러움'만 있으면 콘텐츠를 더 특별하게 보이도록 만들 수 있습니다.

또 콘텐츠뿐 아니라 콘텐츠를 발행하는 메신저도 오리지널리티가 있으면 더 좋습니다. 오리지널리티를 갖추면 비슷한 결의 사람도 모을 수 있습니다. 나의 독창성을 '독특한 관점'으로 이해해주는 사람들이 모이고, 함께 이야기를 나누면 결국 브랜드가 됩니다.

더 나은 기록을 하기 위해 다양한 경로로 인풋을 미친 듯이 했습니다. 도서관에서 책을 찾아 읽어보고 블로그, 인스타그램, 네이버 카페를 찾아보는 것은 기본이고 전시회, 강연 등 강박에 가까운 마음으로 참석했습니다.

다양하고 많은 인풋을 통해 자기만의 관점으로 해석하는 눈과 머리가 트이기 시작했습니다. 단순히 보고 들은 것을 나열하는 기록에서, 느낀 것을 서술하는 기록으로 바뀌는 순간, 나만의 관점으로 쓴 콘텐츠가 만들어졌었습니다.

기록은 자기만의 관점으로 해석할 때 콘텐츠가 될 수 있습니다. 나만의 방식으로 해석하고, 내 관점이 반영되는 것이 중요합니다. 그리고 그것을 토대로 콘텐츠를 만들면, 그것이 자신만의 콘텐츠가 될 수 있습니다. 결국 '자신의 관점으로 해석이 된 '기록'이어야만 콘텐츠가 될 수 있습니다.

지난 5년간 '기록의 쓰임'을 위해 끊임없이 고민했습니다. 어떻게 하면 다양한 생각을 계속해서 할 수 있을까. '나의 기록'이 '찾아보는 콘텐츠'가 되기 위해서는 어떤 조건을 갖춰야 할까, 고민을 거치며 지난 5년간을 보냈습니다. 그리고 이런 경험은 크리에이터의 자질과 역량을 길러줬습니다. 기록하는 삶을 살게 되니, 삶이 풍성해졌습니다.

이 책 마지막에 적은 저의 '기록'에 관한 이야기가, 기록을 어떻게 해야 할지 고민하는 분들께 조금이나마 도움이 되면 좋겠습니다. 조금 더 원대한 꿈을 꿔보자면, 사적인 개인의 생각과 시선, 관점이 더 풍부해지는 세상에 보탬이 될 수 있다면 더할 나위 없이 좋겠습니다. 서로의 생각에 영감을 받으며 성장해나가고 지적 연대감을 느낄 수 있는 지적 놀이터가 넓어지면 좋겠습니다.

'기록의 쓰임', 기록은 다방면으로 쓰일 수 있다는 가능성, 기록 생활이 저를 더 단단하게 만든 것처럼, 독자 여러분의 삶에도 부디 그럴 수 있기를 소원합니다.